T.T. BURGER

T.T. BURGER
HAMBÚRGUER DE VERDADE

Editora Senac Rio – Rio de Janeiro – 2024

T.T. Burger: hambúrguer de verdade © Thomas Troisgros e Rafael Cavalieri, 2024.

Direitos desta edição reservados ao Serviço Nacional de Aprendizagem Comercial – Administração Regional do Rio de Janeiro.

Vedada, nos termos da lei, a reprodução total ou parcial deste livro.

Senac RJ

Presidente do Conselho Regional
Antonio Florencio de Queiroz Junior

Diretor Regional
Sergio Arthur Ribeiro da Silva

Diretor de Operações Compartilhadas
Pedro Paulo Vieira de Mello Teixeira

Diretora Administrativo-financeira
Jussara Alvares Duarte

Assessor de Inovação e Produtos
Claudio Tangari

Editora Senac Rio
Rua Pompeu Loureiro, 45/11º andar
Copacabana – Rio de Janeiro
CEP: 22061-000 – RJ
comercial.editora@rj.senac.br
editora@rj.senac.br
www.rj.senac.br/editora

Gerente/Publisher: Daniele Paraiso
Coordenação editorial: Cláudia Amorim
Prospecção: Manuela Soares
Coordenação administrativa: Alessandra Almeida
Coordenação comercial: Alexandre Martins
Preparação de texto/copidesque/revisão de texto: Jacqueline Gutierrez
Projeto gráfico de capa e miolo/diagramação: Julio Lapenne
Fotografia: Tomás Rangel
Assistente de fotografia: Mariane Rodrigues
Fotos das páginas 34 e 37: acervo do T.T.
Marketing do T.T.: Renata Messore
Impressão: Coan Indústria Gráfica Ltda.
1ª edição: agosto de 2024

CIP-BRASIL. CATALOGAÇÃO NA PUBLICAÇÃO
SINDICATO NACIONAL DOS EDITORES DE LIVROS, RJ

T764t

    Troisgros, Thomas
       T. T. Burger : hambúrguer de verdade / Thomas Troisgros, Rafael Cavalieri. – 1. ed. – Rio de Janeiro : Ed. SENAC Rio, 2024.
       232 p. ; 24 cm.

       Inclui índice
       ISBN 978-85-7756-525-2

       1. Gastronomia. 2. Culinária. 3. Hambúrgueres. I. Cavalieri, Rafael. II. Título.

24-92465
                        CDD: 641.5
                        CDU: 641.5

Gabriela Faray Ferreira Lopes - Bibliotecária - CRB-7/6643

Aos meus pais, Claude e Marlene, aos meus filhos, Joaquim e Olívia, à minha mulher, Diana, aos meus sócios André, Mayli e Douglas, ao Luiz Meisler, aos meus amigos e ao Rony, por ter me cutucado e ajudado a criar esta grande ideia que foi e é: o T.T. Burger.

Thomas Troisgros

Para meus pais, Ronaldo e Marília, o Seu Cavalierão e a Dona Cavalierona, que sempre estiveram ao meu lado e me deram todo o apoio possível quando decidi largar tudo e entrar na cozinha. Para Ronaldo, Maya, Clara, André, Aline e Bebel: a base de tudo! Para minha família e amigos, que estão sempre comigo ao meu lado. Por fim, para todos com quem já dividi uma cozinha: o aprendizado é eterno!

Rafael Cavalieri

SUMÁRIO

Apresentação 09

Prefácio 13

Agradecimentos 15

Introdução 17

PARTE 1: O GRUPO T.T.

História da marca 25

Lado social:
o nascimento do MuT.T.irão 35

A expansão:
novas marcas, mais lojas pelo Brasil 39

PARTE 2: O HAMBÚRGUER

O sanduíche 53

PARTE 3: MÃO NA MASSA! OU MELHOR, MÃO NO BURGER!

Para fazer seu burger em casa 71

PARTE 4: RECEITAS DO T.T.

Burgers e sandubas 79

PARTE 5: COMPLEMENTOS, MOLHOS E SACODES

Complementos 181
Molhos 185
Sacodes 189

PARTE 6: RECEITAS DOS AMIGOS

Para além do T.T. 197

ÍNDICE DE RECEITAS 225

SOBRE OS AUTORES 229

APRESENTAÇÃO

*"Quando a criatividade fala, uma enorme
quantidade de resistência responde."*

A Reserva+ era um espaço cultural gratuito que inauguramos na Rua Francisco Otaviano, no Arpoador, entre as praias de Ipanema e Copacabana. O pequeno espaço de 80 metros quadrados rapidamente se tornou um *point* carioca e abrigou dezenas de exposições a espetáculos de teatro. Tudo 100% gratuito.

O espaço tinha um pequeno bar que servia apenas bebidas, e, por isso, resolvemos chamar os amigos Claude e Thomas Troisgros para assinarem um cardápio de lanches rápidos.

O Thomas me contou que seu sonho era montar uma hamburgueria, mas juntos concluímos que o espaço do bar era pequeno demais para isso, e, então, ficou combinado que eles pensariam em um cardápio e me voltariam.

Alguns dias depois, recebemos uma notificação: o espaço havia recebido denúncias da vizinhança pelo barulho excessivo e nos foi solicitado que encerrássemos a operação da Reserva+. Ficamos superchateados apenas por algumas horas. Por coincidência, no mesmo dia, o Claude me ligou e falou com o seu maravilhoso sotaque franco-brasileiro: "*Rrrróoooony*, o espaço é muito *pequennn*. *Pórrr* que não usamos toda a *árrea* da loja e fazemos o *burguêeerrr* do Thomas?"

Nada é por acaso nesta vida. Fechamos a Reserva+, lacramos a fachada com cartazes lambe-lambes com a frase "Quando a criatividade fala, uma enorme quantidade de resistência responde." e combinamos que, naquele espaço, em 2013, nasceria o Reserva T.T. Burger, uma parceria da Reserva com o Thomas para aquilo que acabou sendo o nascimento não apenas de um grande negócios, mas também o pontapé inicial de toda uma indústria de hamburguerias brasileiras.

O combinado foi o seguinte: nós cuidaríamos do balcão para a frente (*branding*, CX [sigla para *customer experience*, ou experiência do cliente], vendas e administração), e os Troisgros do balcão para trás (a comida e a cozinha). De cara, já decidimos que, do mesmo modo que os estrangeiros "roubaram" dos brasileiros a invenção do avião e de tantas outras coisas, nós estávamos "roubando" dos alemães a invenção do hambúrguer, porque o nosso seria o primeiro. Um hambúrguer e uma hamburgueria 100% brasileiros.

Semanas depois, Thomas nos chamou para uma primeira degustação no restaurante deles, o Olympe. E, confesso, aquilo não era um hambúrguer, era um lance completamente diferente e absurdamente melhor.

Ele criou um hambúrguer com carne e ingredientes 100% brasileiros; até os picles eram de chuchu e o ketchup de goiabada. Ficamos maravilhados e, após isso, montamos todo o branding, da voz de marca ao décor e packaging, e planejamos o lançamento em duas etapas.

A primeira, 6 meses antes da inauguração, seria um burger feito na hora, na garagem do Olympe, apenas para amigos e formadores de opinião. Acreditávamos muito no produto e sabíamos que aquele evento *petit comité* iria gerar um enorme boca a boca. Tiro certo! Antes mesmo da abertura da loja, o T.T. Burger foi eleito pelo caderno "Ela", do jornal *O Globo*, um dos hits do verão que estava por vir.

A segunda etapa, para a inauguração do restaurante, em vez de investirmos a pouca verba que tínhamos em uma festa, contratamos um excelente PR (sigla para *public relations*, ou relações-públicas), e enviamos mala-direta com mais de 2 mil "*golden tickets*", iguais àqueles da fantástica fábrica de chocolate, valendo um burger de presente para quem fosse retirar na nossa

APRESENTAÇÃO

loja. O vale tinha apenas 1 semana de validade. Tiro certo! O boca a boca gerado com o *petit comité* no Olympe somado aos *tickets* fizeram a fila na porta da loja chegar até a praia e o burger explodir em repercussão! O lançamento também foi lucrativo pois as pessoas compravam batatas fritas, bebidas e Sacodes de leite para acompanhar o burger.

E assim nasceu e cresceu o T.T. Burger, até que, em 2015, a Reserva recebeu investimentos de um fundo, e uma das condições era a de que focássemos o segmento têxtil. Tínhamos, então, um prazo curto para a operação, e a decisão foi vender minha parte para o meu irmão, André Meisler (o Deco).

Naquele momento, o Deco trabalhava no mercado de capitais e pensava em empreender. Ele não titubeou, agarrou a oportunidade e começou a construção, junto com o Thomas, de um timaço de pessoas apaixonadas pela marca e por seu produto. Da liderança deles, nasceu não apenas a marca com prestígio nacional, mas também um grupo de marcas sólidas e lucrativas.

Penso que ambos tiveram em seus pais uma gigantesca referência de bondade, gentileza, fortíssimos valores, generosidade, resiliência e trabalho duro. Por conseguinte, também foram esses os valores que os nortearam na construção do T.T., e, por isso, para além da grana, o que dita o ritmo do negócio é o propósito.

O T.T. é o Deco, o Thomas e suas boníssimas pessoas. O T.T. é *omni*: é Marola, é Tom Ticken, é Três Gordos, é MuT.T.irão, é fesT.T.a... Além de ser o melhor dos produtos, o T.T. é a marca carioca da qual eu e todos os cariocas temos orgulho de que seja carioca.

Vida longa ao nosso T.T.!

Rony Meisler
Cofundador do T.T. Burger, CEO da AR&CO
e cofundador da Reserva

PREFÁCIO

É com grande prazer e orgulho que tenho a honra de prefaciar este livro incrível sobre hambúrguer, escrito pelo talentoso Thomas Troisgros em parceria com o habilidoso Rafael Cavalieri. Quando me vejo diante dessa tarefa, não posso deixar de ter as memórias que remontam aos meus tempos e aos do Thomas no The Culinary Institute of America, onde compartilhamos não apenas a mesma paixão pela gastronomia, mas ainda uma amizade que transcendeu as salas de aula e as cozinhas.

Thomas Troisgros personifica a excelência na culinária. Descendente de uma família que há gerações é sinônimo de gastronomia de qualidade, ele não apenas honra o legado familiar, mas também o eleva a novos patamares com sua criatividade e seu talento inegáveis.

Ao longo do tempo, testemunhei com admiração o crescimento e a evolução de Thomas como chef. Sua busca incessante pela perfeição, combinada com um profundo respeito pelas tradições culinárias, resultou em criações que encantam os paladares mais exigentes e inspiram uma legião de admiradores Brasil afora.

É impossível falar sobre a contribuição de Thomas Troisgros para a gastronomia sem mencionar sua habilidade excepcional de preparar hambúrgueres. Os hambúrgueres que ele e Rafael Cavalieri apresentam hoje no T.T. Burger, no Três Gordos e nas demais marcas do Grupo T.T. são obras de arte nos quesitos sabor, textura e criatividade. Cada mordida é uma experiência sensorial que nos transporta para um universo de sabores e sensações únicas.

A parceria Thomas e Rafael é verdadeiramente exemplar. Complementando um ao outro de maneira harmoniosa, eles conseguiram capturar a essência do hambúrguer em todas as suas formas e variações, desde as combinações clássicas até as mais audaciosas e inovadoras.

Esta obra é mais do que um simples guia de receitas; é um convite para uma jornada gastronômica emocionante, repleta de histórias, dicas e técnicas valiosas compartilhadas por dois mestres de sua arte. Estou certo de que cada página deste livro reflete não apenas a paixão e o talento de Thomas e Rafael, mas também o amor deles pela culinária e o desejo de compartilhar seu conhecimento com o mundo.

Que este livro inspire e encante todos os amantes de hambúrgueres, assim como eu fui inspirado e encantado pelo trabalho de Thomas Troisgros ao longo dos anos. Estou ansioso para ver os futuros sucessos que certamente aguardam este brilhante chef e seu parceiro de cozinha.

Bom apetite!

Rafa Costa e Silva
Chef do Lasai

AGRADECIMENTOS

É inevitável iniciar os agradecimentos de uma obra sobre hambúrguer sem se lembrar de todos os que vieram antes. Aos pioneiros, que fizeram esse sanduíche se tornar uma verdadeira paixão. A eles, o nosso muito obrigado.

A todos os que tocam o dia a dia das nossas lojas. É preciso muita paixão para aguentar o tranco do cotidiano de uma cozinha. Chapas a temperaturas acima de 200 °C, fritadeiras com seus vapores de gordura, horas em pé preparando incontáveis comandas e pedidos. Cortes, queimaduras... Verdadeiros guerreiros que vestem a camisa. A eles, também, o nosso muito obrigado.

A toda a diretoria e retaguarda do T.T., que fazem a engrenagem girar. Porque nem só de chapa e fritadeira se constrói uma empresa de sucesso que até hoje inspira tanta gente. Também a todos os nossos franqueados, que acreditam na marca e levam nosso hambúrguer e nossa cultura para além do Rio de Janeiro.

Aos chefs e amigos convidados, que cederam não apenas seu tempo como também seu conhecimento para abrilhantar ainda mais este livro com receitas incríveis. Vocês são demais!

Aos nossos clientes. Vocês são a razão de seguirmos em frente. Sem o carinho e o apoio de vocês, não teríamos pavimentado essa estrada tão bonita e que tem muito ainda para ser construída. Nosso muito obrigado!

que mudaram a história da alimentação dos seres humanos. Por exemplo, possivelmente, em algum devaneio, uma pessoa olhou para o ovo e pensou em quebrar aquela casca, aquecer e fazê-lo frito. Ou mexido. Vai que... *poché*! Não dá para saber quem fez nem como foi, mas esse feito merece respeito eterno. Ou, sei lá, o ser humano que olhou o coentro nascendo da terra, pegou aquele matinho verde, resolveu provar e viu que não só não fazia mal ao corpo como também era delicioso. E que, pasmem, combina com qualquer carne, peixe, frango etc. (Aqui também fica registrado um agradecimento, e, também, um pedido de perdão para os *haters* do coentro.) A lista é imensa, poderíamos ficar dias inteiros aqui debatendo a descoberta dos alimentos e de seus preparos. Mas, vamos direto ao ponto: e o hambúrguer? Esse disco de carne moída grelhado de maneira perfeita e servido entre duas fatias de pão. O que dizer para quem teve uma das maiores sacadas da humanidade?

Infelizmente, a história não registra com propriedade o nome do pai ou da mãe do hambúrguer. O que ele tem de suculento e delicioso, a história de sua criação tem de nebulosa. Os primeiros registros de carne moída datam da época do império mongol, no século XIII. E, pasmem, era de carne de ovelha. O processo era feito para amaciar e facilitar na hora de comer após longas viagens.

Temos também, em priscas eras, o nascimento do steak tartare, quando passaram a temperar essa carne moída para comê-la crua. Assim como o hambúrguer, o steak tartare também tem uma história com muitas versões, origens e muitos "pais". Mas, vamos lá, ainda não estamos falando de nossa estrela!

Vamos, então, dar uma acelerada nessa história e partir para o século XVII, mais precisamente para a cidade de Hamburgo, na Alemanha. (Pescou aí a referência para o nome?) Ali algum gênio pegou a carne moída, moldou em formato de bife e grelhou. A tradição mandava servir com purê de batatas e molho gravy; aquele que é um caldo de carne bem concentrado e gostoso. O hamburg steak logo, logo, expandiu seus horizontes e desembarcou – de navio mesmo – no porto de Nova York, junto com milhares de imigrantes europeus, para começar a ganhar a fama na América.

Estamos agora no século XIX. Em Nova York, só se falava do tal "bife de Hamburgo". Afinal, estamos nos referindo à classe trabalhadora protagonista da explosão industrial que tomou conta dos Estados Unidos e que precisava comer bem; algo com sustância e barato. Tudo muito bom, tudo muito bem, carne moída grelhada saindo a dar com o pau. Mas e quem tirou do prato e colocou entre duas fatias de pão? Mais uma vez, os dados são imprecisos e estão lá entre os anos de 1885 e 1891 nos Estados Unidos. Registros incompletos e sem confirmações históricas citam nomes, como os dos irmãos Frank e Charles Menches, em Ohio, em 1885. Outros citam Charlie Nagreen, que teria criado o sanduba, pasmem, aos 15 anos de idade. Parece inacreditável, mas há até uma história de que um brasileiro nascido no município fluminense de São Gonçalo seria um possível inventor. É difícil

INTRODUÇÃO

essa história de não se saber quem foi, afinal de contas nós só queríamos prestar uma homenagem ao gênio!

Se não dá para citar o nome exato do criador, vamos, então, deixar um agradecimento registrado a alguns pioneiros cuja história contribui com mais fatos e evidências. Sem eles possivelmente nem haveria este livro sobre o T.T. Burger.

Um restaurante pequeno que leva o nome de seu fundador, o dinamarquês Louis Lassen, o "Louis Lunch", em New Haven, no estado norte-americano de Connecticut, se não foi o primeiro, está na história como um deles. Tudo começou em 1895, em um pequeno caminhão vendendo pão, manteiga e outros itens. Poucos anos depois, a estrutura aumentou e vieram os pratos de almoço. Até que, reza a lenda, em 1900, Louis serviu para um apressado seu hamburg steak entre duas fatias de pão a pedido do próprio cliente, que não queria se sentar para comer. Louis e sua família teriam percebido a genialidade do que havia acontecido por acaso. E passaram a ter o item no cardápio. Daquele dia em diante, o burger passou a ser vendido do mesmo jeito: entre duas fatias de pão de forma e com uma rodela de cebola prensada junto com a carne, que depois era grelhada verticalmente em uma churrasqueira a gás com chama aberta; algo similar aos *broilers* tão usados hoje em dia. A pedida clássica ainda incluía tomate e queijo.

A segunda lanchonete veio da cidade de Wichita, no estado norte-americano de Kansas. Fundada por Billy Ingram e Walt Anderson, chamava-se "White Castle" e mudou o curso da história em 1921. Se a ideia de vender o hambúrguer como um sanduíche já estava rolando, esse pequeno local subverteu o que se fazia e criou burgers quadrados, pequenos e que cabiam na palma da mão. A brincadeira era que eles deslizariam facilmente por sua boca. (Vem daí os *sliders* tão comuns hoje em dia – em inglês, o verbo *slide*

significa "deslizar".) Detalhe: cada um custava apenas 5 centavos de dólar. Some a todos esses dados interessantes o fato de a dupla ter implementado o sistema de chapa e espátulas que é até hoje utilizado em qualquer hamburgueria. O objetivo era simples: ampliar ao máximo a produtividade, inaugurando o conceito do que hoje conhecemos como "fast food". Quer mais inovação? Apesar do aumento da popularidade do sanduíche, ainda havia uma parcela dos norte-americanos que resistia ao fato de comer carne moída na rua, por considerar que as condições de moagem e armazenamento não eram as melhores no quesito higiene. Foi aí que a rede do "castelo branco" resolveu deixar a cozinha e a área de produção abertas para o público conferir que tudo era feito da maneira correta. (Inclusive isso se tornou regra no T.T. Burger, que mantém todas as suas cozinhas abertas para o público.) Foi algo tão marcante que, em 2014, a revista *Time* considerou os pequenos burgers dessa marca os mais influentes da história.

O terceiro estabelecimento veio em 1940 e certamente é conhecido por quem lê essas palavras neste momento. Estamos, é claro, falando do "McDonald's", uma cortesia dos irmãos Richard e Maurice. A dupla pegou o conceito criado pela White Castle e o modernizou. A ideia era agilizar ainda mais os processos. A história, registrada no brilhante filme *Fome de poder*, mostra como os irmãos ensaiaram de maneira exaustiva o balé de sua cozinha para maximizar a produção. Foi a dupla, aliás, que também criou o que certamente se tornou a combinação de hambúrgueres mais incrível e mais copiada no mundo: carne, queijo cheddar processado (o tal "American cheese"), cebola branca picada, picles de pepino, ketchup e mostarda. É dar uma mordida, fechar os olhos e acessar uma série de memórias. Se os irmãos são gênios por tudo isso, o McDonald's tornou-se o império mundial que é hoje por intermédio do polêmico gênio do mal Ray Kroc. O filme citado também conta essa história que tem o brilhantismo do empreendedorismo aliado à crueldade com os responsáveis por tanto.

INTRODUÇÃO

A partir daí, o hambúrguer começou sua escalada para o mundo. Vieram na sequência estas outras referências na área: In-N-Out Burger, Five Guys, Byron, Shake Shack, Burger King, Wendy's, Jack in the Box, Sonic Drive-In, JG Mellon, Minetta Tavern... A lista é imensa! No Brasil, aliás, não poderíamos deixar de citar o Bob's, que bebeu, e muito, nessa fonte e se tornou a primeira rede de fast food 100% nacional. E, assim, em 2013, em uma pequena loja no Arpoador, na Zona Sul do Rio, nascia o T.T. Burger — na ocasião ainda com Reserva no nome —, bebendo nas mais diversas fontes de diferentes momentos da história iniciada há muitos anos por aquela pessoa, seja lá ela quem for, que grelhou pela primeira vez um disco de carne moída. A essa turma de revolucionários, o nosso muito obrigado. O mundo se tornou melhor depois desse dia!

PARTE 1:
O GRUPO T.T.

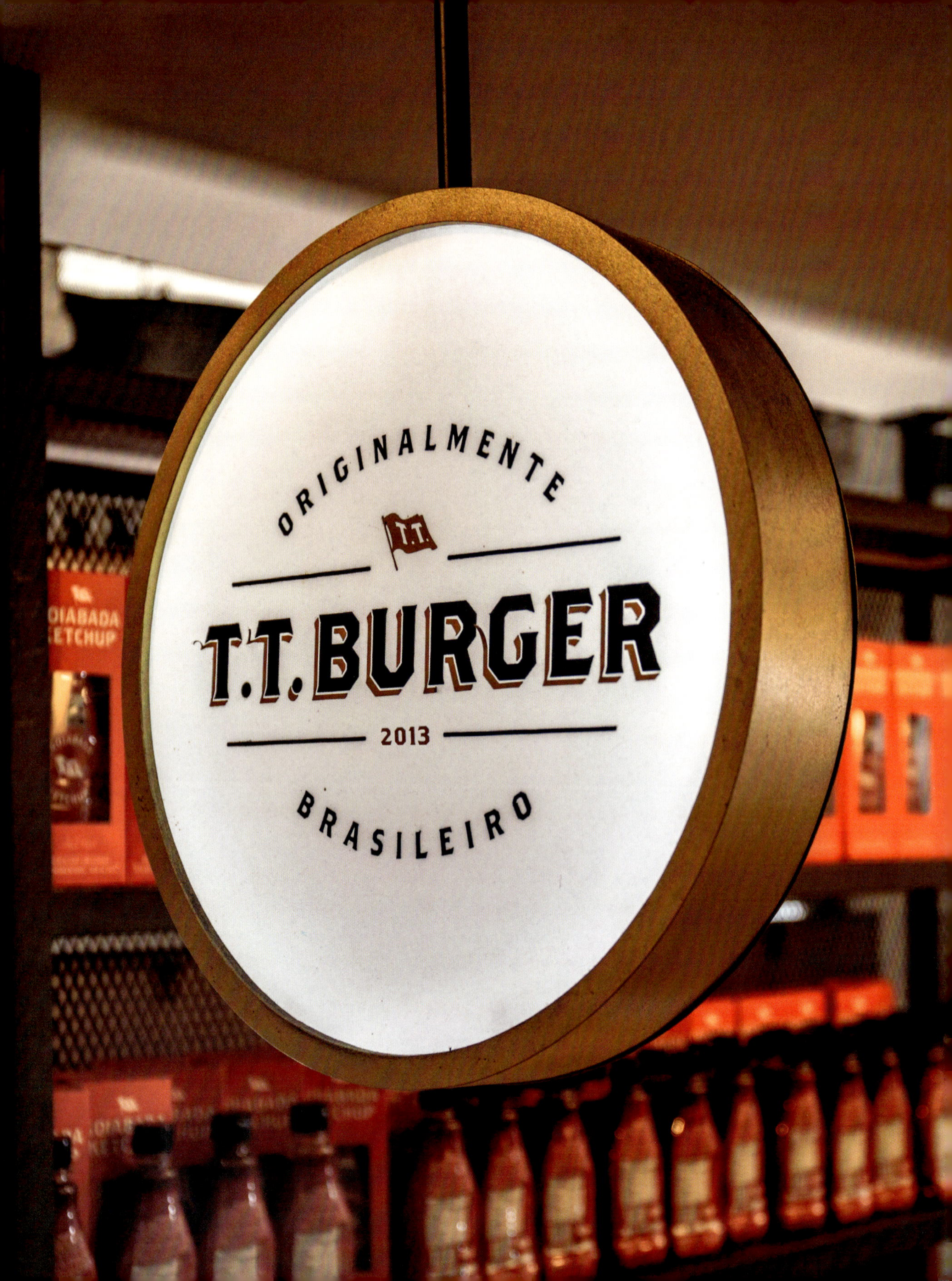
ORIGINALMENTE
T.T.
T.T. BURGER
2013
BRASILEIRO

HISTÓRIA DA MARCA

Em 2013, no Rio de Janeiro, era tudo mato no cenário de hamburguerias. As ofertas se limitavam às grandes redes norte-americanas de fast food e a uma ou outra casa de shopping com algumas poucas opções do sanduíche em seus longos cardápios. Algo muito distante da oferta ilimitada que encontramos hoje em dia tanto no comércio de rua como nas inúmeras alternativas que fazem você ficar escolhendo por horas nas plataformas de delivery.

E aí surgem aquelas dúvidas do estilo "quem veio primeiro: o ovo ou a galinha?" A genialidade surge da oportunidade ou é o gênio que enxerga a chance de criar algo único? Por que não transformar algo que está tão vivo na cabeça das pessoas, como um simples hambúrguer, em uma experiência que vá além da rapidez e artificialidade dos fast foods? O hambúrguer não pode ser pensado como uma refeição elaborada, assinada por um chef, com processos alinhados, com cuidado na escolha dos insumos e na criação das receitas e combinações? Isso tudo já era uma realidade nos Estados Unidos. Por que não poderia ser aqui também? Por que isso ainda era tão distante em nossa cidade?

Todos esses questionamentos voltam ao cenário quando vem à tona a seguinte reflexão: o que passou na mente dos que criaram o T.T. Burger? Em 2013, a marca Reserva era consolidada, querida nacionalmente e com muitas áreas de atuação, como sempre sonhou Rony Meisler, seu fundador. No entanto, faltava um passo a mais: a área da cultura. Foi assim que surgiu a Reserva+, um espaço na Galeria River, no bairro carioca de Ipanema, mais precisamente no Arpoador, aberto e gratuito para o público consumir arte, por meio de shows, exposições e o que mais viesse na cabeça dos curadores. Era um verdadeiro presente para o Rio.

Como era de se esperar, junto do sucesso vieram os problemas. O primeiro era simples de resolver: o público queria mais do que cerveja e café para consumir no espaço. O local era algo tão único que tinha gente que passava o dia inteiro por lá aproveitando de tudo. Ou seja, era preciso uma oferta mínima que fosse de comida. Por intermédio do diretor artístico de televisão Jorge Espírito Santo, Rony chegou ao chef Claude Troisgros para uma conversa. No dia da reunião, o francês trouxe seu filho Thomas, que já tocava com maestria as casas do Grupo Troisgros no Brasil e acumulava prêmios nacionais e internacionais. Ambos na hora vieram com aqueles mesmos questionamentos sobre o cenário das hamburguerias no Brasil. Thomas havia feito faculdade e morado anos em Nova York. Rony era um frequentador assíduo dessa cidade. Por que o que eles tanto aproveitavam por lá quando o assunto era hambúrguer não era replicado aqui? Por que as sugestões brasileiras sempre eram as mesmas cadeias? Ali a semente foi plantada. Era preciso se unir para mudar e construir uma nova história.

Só que havia ainda um segundo problema: as inúmeras notificações que a Reserva+ recebia da prefeitura e dos órgãos responsáveis em função do barulho. Resolvia uma aqui, outra acolá, mas a questão foi ficando cada

PARTE 1: O GRUPO T.T.

vez mais séria até o dia que a ordem definitiva chegou: a loja teria de fechar de vez as portas. Sem saber para onde correr e revoltado em ver o iminente fim de um projeto ao qual dedicou tanto força e energia para dar certo, Rony ouviu de Claude a simples ideia que mudaria tudo: cumprir a ordem e transformar de vez o espaço na tal hamburgueria dos sonhos do empresário e de seu filho Thomas. Ali, naquele telefonema, a semente da Reserva T.T. Burger definitivamente foi plantada.

Loja fechada, arquitetos reunidos e um combinado. Do balcão para trás, a responsabilidade era 100% de Thomas. Seriam feitas provas e degustações, mas o produto estava em suas mãos. Do balcão para a frente, a missão era de Rony e seu time. Identidade visual, as frases marcantes, o conceito de atendimento feito para encantar os clientes proporcionando uma experiência única e a mentalidade que até hoje permeia as diretrizes da empresa: fazer a diferença na vida das pessoas.

O briefing que Thomas recebeu era simples, porém desafiador. Apresentar um único sanduíche com insumos 100% brasileiros em uma combinação única que deveria se tornar a referência no quesito hambúrguer. E foi isso que o chef apresentou: um cheese salada clássico, como nas clássicas casas nova-iorquinas. Não precisava de grandes invencionices. O primeiro T.T. Burger trazia um disco de 200 gramas do blend de carne, alface, tomate, queijo meia cura, os picles ácidos, assinados pelos Troisgros, de cebola roxa e de chuchu, e sua versão do molho Thousand Island, aquele também conhecido por aí como "especial". Tudo isso em um pão de batata-doce coberto com gergelim. (Detalhe: os insumos eram de pequenos produtores locais, o que valorizava, ainda mais, o conceito inicial.)

Foi uma prova única, uma paixão arrebatadora na primeira mordida. O cardápio, que teria ainda batata frita e Sacode de doce de leite com um toque de flor de sal estava definido; porque, se a ideia é valorizar o Brasil, não caberia milk-shake, mas voltaremos mais adiante a falar sobre esse assunto.

Antes mesmo de finalmente abrir as portas, a Reserva T.T. Burger já era um estouro graças a mais uma ideia genial da dupla. O pré-lançamento foi batizado de "Não Conta pra Ninguém". A ideia era simples: chamar inúmeros influenciadores, jornalistas, chefs de cozinha e amigos das famílias para provar o produto quase clandestinamente na garagem do Olympe, o restaurante de alta gastronomia dos Troisgros. Claro que a ironia que batizou o evento não foi cumprida, – e nos dias seguintes o hype já estava construído.

O dia de lançamento chegou com outra loucura do grupo, que se tornou sua marca registrada. A galera mandou avisar que os cem primeiros que chegassem à loja ganhariam um hambúrguer de graça. Era ou não o prenúncio do caos? (Detalhe ainda mais curioso: o primeiro da fila era simplesmente um ator fantasiado de Ronald McDonald, o palhaço mais famoso do mundo.) Era inegável a curiosidade de quem passava a pé pela movimentada Rua Francisco Otaviano ao passar por aquela loja fechada com um palhaço sentado em uma cadeira de praia lendo o jornal e esperando a chegada de seu hambúrguer.

A abertura simplesmente deixou todos impressionados. As projeções otimistas miravam quinhentos hambúrgueres vendidos no primeiro mês. O número final? Perto de 10 mil. As filas eram imensas. Todos queriam saber o que tinha naquele hambúrguer. Todos encontravam um sanduíche único, diferente dos que se ofertavam na cidade. Seis meses depois veio a segunda loja, dessa vez no Leblon. Na sequência, a da Barra da Tijuca.

O cardápio naturalmente foi ampliado, mas sempre mantendo suas premissas. Ao longo da história do T.T., você percebe que nunca foram feitos sanduíches que fujam da simplicidade. Versões maiores, versões menores, sanduíches veganos... Adaptações e evoluções que chegaram ao T.T. de modo espontâneo.

Foi nos bastidores, porém, que ocorreu uma mudança significativa no curso dessa história. Em 2015, a Reserva resolveu focar exclusivamente seu core business, e Rony comunicou que iria sair da sociedade, inclusive tirando o nome da marca.

Diz o ditado que você tem de criar seus filhos para o mundo. Mas, na cabeça do empresário, desse seria difícil de largar totalmente a mão. O que fazer para mantê-lo sempre por perto? A solução estava logo ao lado. André Meisler, o irmão mais novo de Rony, estava insatisfeito e buscando guinadas em sua carreira profissional forjada em bancos e no mercado financeiro. Deco, como carinhosamente é chamado não apenas em casa mas também por todos os funcionários do Grupo T.T., abriu mão de suas economias e comprou a parte do irmão, passando a ser o sócio majoritário e, ainda, uma das caras da empresa. Era ele um dos responsáveis por conduzir o legado construído anos antes por Rony.

O crescimento seguiu exponencialmente, assim como seguiu a criação de uma identidade única para a marca. Inquieto, confiante, criativo e um apaixonado, André trouxe novas ideias ao grupo. Algumas até hoje arrancam boas lembranças nos corredores da empresa, como o lançamento do programa de fidelização do cliente. O garoto-propaganda escolhido para essa campanha foi simplesmente o apresentador João Kleber, que na ocasião estava no auge com seu programa *Teste de fidelidade*, que prometia desmascarar maridos infiéis. A festa de lançamento aconteceu em um dos mais famosos motéis do Rio de Janeiro e teve como *host* o apresentador. O convidado entrava e simplesmente dava de cara com João e seu inconfundível bordão "PARA, PARA, PARA, PARA!", que ele utilizava para aumentar o suspense de quem acompanhava o quadro na televisão. Outro exemplo foi o lançamento do sanduíche Frangueiro. O astro da campanha era simplesmente o goleiro do Íbis Sport Club, popularmente conhecido como o pior clube de futebol do país. Foi literalmente um golaço – ou frangaço –, dependendo do ponto de vista!

Uma das grandes mudanças veio, porém, em 2017. O T.T. sempre encheu o peito para falar sobre como a combinação "marketing Reserva" e "produto Troisgros" era única. No entanto, a primeira parte, o marketing, ainda precisava do verdadeiro diferencial. E, então, veio com a criação do cargo de "EncanT.T.ador". A ideia era de fato ter uma pessoa na loja para criar vínculo emotivo com todo e qualquer cliente e igualar a importância da qualidade dos sanduíches com o atendimento. Era possível alguém chegar e não gostar do que comeu, mas teria de ser impossível essa mesma pessoa sair triste ou decepcionada com a experiência completa.

A sequência dessa mudança veio no ano seguinte com um sistema interno batizado de "EncanT.T.", criado e desenvolvido pela diretora operacional, Mayli Souza, junto com seu time de TI. Esse sistema registrava, além do histórico de compra, todas as críticas e sugestões de todos os clientes identificados pelos encantadores, e, ainda, qualquer característica que tenha surgido durante seu atendimento. Por exemplo, se um cliente chegou à loja da Barra e disse que torcia para o Fluminense, ou que teve um filho recentemente, ou que, sei lá, a mãe dele era apaixonada por bacon... Tudo isso era registrado. Caso esse mesmo cliente voltasse em qualquer outra loja da rede, o encantador de lá saberia de tudo e poderia puxar assunto durante o atendimento, personalizando ainda mais a experiência e divulgando a magia do encantamento. O resultado dessa mudança foi uma fidelização cada vez maior do público, que gerou um aumento impressionante de 20% no faturamento presencial da empresa.

Lojas abriram, outras fecharam. Projetos nasceram e, também, morreram. Mas a realidade era uma só: a história havia sido feita e mudou para sempre o cenário gastronômico carioca. O amigo leitor ou a amiga leitora que pretende hoje em dia realizar o sonho de criar uma hamburgueria tem muito a agradecer a esses pioneiros.

trocentos currículos encaminhados, inúmeros cabelos cortados, sorrisos escovados, brinquedos distribuídos... Já falamos aqui de alguns exemplos de como o lado social sempre foi uma preocupação do Grupo T.T. Mas a cereja do bolo, o auge desse movimento, veio com a criação do MuT.T.irão. O ano era 2014, e Rony propôs a doação de alimentos em boas condições, que por acaso não seriam utilizados, para pessoas em situação de rua. No entanto, esbarrou em uma lei arcaica que simplesmente proíbe esta ação sob o argumento de que, caso algo acontecesse, o próprio estabelecimento seria autuado e responsabilizado.

Já que isso não era uma possibilidade, a solução foi simplesmente preparar cem sanduíches, partir de madrugada rumo ao Centro do Rio e distribuí-los para quem dormia nas calçadas. Um pequeno alento para quem pouco ou nada tem.

O barulho foi grande, e no ano seguinte a ação já cresceu. Além de duplicar o número de sanduíches, os colaboradores foram chamados para ajudar na distribuição novamente feita no Centro do Rio. Mas não foram apenas os burgers. Junto com a equipe do T.T. foram ainda cabelereiros para dar um tapa no visual de quem provavelmente nunca teve essa oportunidade e ainda um grupo de samba que trouxe alegria com sua música. Uma experiência única e transformadora.

Com cada vez mais gente enxergando como era fácil fazer o bem, em 2017 veio o primeiro grande evento. O planejamento foi bem mais meticuloso. Seria uma festa de respeito no Dia das Crianças, a ser realizada na comunidade do Jardim Gramacho, um bairro de escassos recursos, em Duque de Caxias, município do Rio de Janeiro, que teve durante muitos anos o maior lixão a céu aberto da América Latina. O T.T. foi em busca de parceiros. O primeiro foi a ONG Corrente pelo Bem, que abraçou a causa e ajudou a viabilizar o plano de ação. Em seguida, as conversas começaram com os próprios fornecedores, afinal de contas o objetivo era chegar a impressionantes mil hambúrgueres que seriam distribuídos.

Com comida garantida, era preciso resolver o restante. A presença de músicos e de cabelereiros também estava acertada. Mas o que impressionou a diretoria do Grupo T.T. foi a receptividade de todos que eram apresentados ao projeto. Arrecadar dinheiro nunca foi o objetivo. O que se queria eram serviços e experiências. Foi assim que dentistas, marcas de bebidas, fornecedores de brinquedos e quem mais quisesse participar foram chegando.

"Nunca ouvimos um não quando o assunto era o MuT.T.irão. E esta primeira edição no Jardim Gramacho foi um marco na vida de todos que participaram. A partir desse, todos os demais foram maiores, marcantes e inesquecíveis", conta André Meisler.

A EXPANSÃO: NOVAS MARCAS, MAIS LOJAS PELO BRASIL

A inquietude faz parte do DNA do Grupo T.T. Foi assim desde o dia 1, e assim é até os dias de hoje. Com o T.T. Burger consolidado, era hora de as ideias de novos projetos começarem a sair do papel. Se na marca principal os burgers eram altos, suculentos e feitos de maneira clássica, o novo projeto que permeava a cabeça de Thomas Troisgros tinha o Ultra Smash Burger como protagonista. Carnes de 40 gramas prensadas na chapa até formar um disco fininho com uma crosta crocante (manja a famosa **reação de Maillard**?!) empilhadas em versões duplas, triplas ou quádruplas.

A ideia era ter uma loja pequena, simples e de atendimento rápido, e em Copacabana. Até então, mesmo com todo o conceito que originou o T.T. Burger, era para ser um fast food. O nome? Uma homenagem abrasileirada ao sobrenome famoso do criador: "Três Gordos". Não entendeu?

Vamos explicar. Muitos e muitos anos atrás, em uma cidade da França, moravam três primos. Um deles foi convocado para a guerra. Desfazer o trio de amigos não era uma possibilidade. A solução foi simples: se alistaram como voluntários e foram todos juntos para a guerra. Por uma ironia trágica do destino, os horrores da guerra acabaram levando justamente os dois que não eram para estar lá. Ao voltar para casa com o coração dilacerado, o sobrevivente resolveu homenagear os velhos companheiros e criou o nome "Troisgros", para acrescentar ao seu e ao dos futuros membros de sua família. A tradução simples e direta é os três (*trois*) grandes (*gros*). O detalhe é que a palavra francesa *gros* tem outro significado mais descontraído e que cairia como uma luva para os planos futuros: **gordo**! Não há nome melhor para uma nova marca de hambúrguer, não é?

Três Gordos e a grande virada

Mais uma vez tudo estava pronto. Hambúrguer testado, processos desenhados, pesquisa de ponto em ritmo avançado e planos de lançamento desenhados. Mas uma das maiores tragédias da humanidade no século XXI, a pandemia da covid-19, acabou não apenas mudando o plano de abertura da loja do Três Gordos como também os rumos da empresa.

Vamos contextualizar aqui. O T.T. Burger nasceu com a premissa de ser uma hamburgueria com mentalidade de restaurante. Dentro dessa linha de pensamento, duas questões sempre foram tratadas como certezas entre a diretoria. A primeira era trabalhar com delivery. Como garantir que o burger chegaria decente à casa do cliente? A segunda, que voltaremos a falar lá na frente, era abrir franquias fora do Rio de Janeiro. Ambas as questões tinham como norte a preocupação absoluta da perda de qualidade e a falta de controle sobre o produto final.

De uma hora para outra, a pandemia obrigou o Grupo T.T. a rever a premissa do delivery pura e simplesmente por questões de sobrevivência. Ali, em 2020, ou você adaptava seu modo de trabalho ou, como tantas outras operações, fechava as portas, já que o *lockdown* obrigou todos a ficar em casa.

A questão financeira ficou ainda mais séria quando a diretoria tomou uma decisão que foi comunicada para a empresa inteira: ninguém seria desligado por corte de custos. Era uma garantia para todos que faziam a engrenagem girar: chapeiros, encantadores, a retaguarda... Some a isso o fato de o Grupo T.T. ainda ter bancado testes de covid-19 para conferir ainda mais segurança aos que iam trabalhar quando teve início a flexibilização do *lockdown*.

A tranquilidade que havia sido passada para os funcionários instaurou uma preocupação na cabeça dos diretores. Os primeiros dias de confinamento foram repletos de reuniões cheias de incertezas e tensões. Não só era preciso descer do salto e iniciar um plano de ação para aprender a entregar o hambúrguer em casa com a mesma qualidade de quem come na hora, como também era necessário pensar em maneiras de como aumentar a receita para cumprir a promessa feita aos funcionários e não quebrar a empresa pioneira que a cada dia crescia mais.

O fim temporário do movimento presencial e o ritmo ainda iniciante dos trabalhos de delivery acabaram acendendo uma luz. O que fazer já que temos espaço na cozinha, temos funcionários e temos um conceito pronto para ser lançado? O que era para ser uma loja nova acabou sendo uma extensão do T.T. É isso mesmo, o Três Gordos se tornou a marca que nasceu para delivery e que seria produzido na mesma linha de produção do seu irmão mais velho. Já estava tudo lá: carne, queijo, picles, molho, pão. Era desenhar o processo e lançar a marca.

A estratégia de lançamento foi outro golaço. O tradicional envio de sanduíches para jornalistas e influenciadores que disseminavam os produtos que chegavam em boas condições em casa por meio das plataformas de delivery veio com um adendo. A cada hambúrguer vendido do Três Gordos, outro seria entregue em hospitais para os profissionais de saúde que atuavam na linha de frente do combate à covid-19. A atitude viralizou não só por meio de matérias na mídia como também de postagens dos próprios médicos e enfermeiros dos hospitais públicos do Rio de Janeiro, gerando ainda mais empatia. Quando a loja finalmente ficou disponível ao público, o burburinho era grande e todos queriam experimentar o Ultra Smash Burger, de Thomas Troisgros. O resultado? Uma surpreendente venda que nos primeiros dias superou à do já consolidado T.T. Burger em cinco vezes.

O mundo foi aos poucos voltando ao normal. Com muitas regras e restrições, o público começou a frequentar novamente os restaurantes. Mas o delivery havia se tornado uma nova realidade a ponto de hoje representar mais da metade do faturamento da empresa — e olha que isso nunca foi cogitado, hein?! E a sacada de ter duas marcas distintas na mesma linha de produção fez com que novas ideias surgissem e fossem debatidas. Por que não aumentar ainda mais a família?

Tom Ticken, o frango do chef

O T.T. Burger já tinha em seu cardápio o Frangueiro, um sanduba feito com sobrecoxa de frango desossada, empanada e frita. Mas a proteína mais consumida no Brasil merecia a marca própria para chamar de sua. E mais uma vez as memórias afetivas dos tempos em que Thomas morou em Nova York serviram de inspiração, afinal de contas é impossível não se apaixonar pelo onipresente American fried chicken.

Uma licencinha rápida aqui. Em março de 2021, justo quando começaram as reuniões para o novo projeto, eu, Rafael, cheguei à empresa para ocupar o cargo de sous chef/chef corporativo do grupo ao lado de Thomas. Para mim, foi um momento especial. Primeiro porque era um retorno ao meu início na gastronomia: comecei fazendo hambúrgueres ao lado de dois companheiros de turma da gastronomia em eventos de ruas e invasões a bares e restaurantes. Segundo porque ser chamado para trabalhar com um Troisgros é uma verdadeira convocação. Foram necessários dois rápidos encontros para sacramentar a vinda. O momento definitivo foi quando Thomas me falou: "Rafael, preciso de alguém que pense em comida o dia inteiro!" Respondi: "Olha a minha barriga, chef!" Na semana seguinte, eu estava de casa nova!

E logo entramos de cabeça no mundo do frango. O sanduba carro-chefe estava pronto. O sanduíche Frangueiro do T.T., um sucesso maciço, virou o "Ticken Panko". Em seguida, ganhou a companhia de outras duas criações: uma na chapa, que ganhou o nome engraçadinho de "Ticken Chapado", perfeita para os fãs de frango grelhado; e o "Ticken Parm", uma versão no pão do amado frango à parmigiana. NuggeT.T.s entraram no menu, assim como a grande inspiração para a marca: os frangos fritos, crocantes e lambuzados no icônico Goiabada Ketchup®, na versão tradicional ou com adição de pimenta sriracha (perfeita para os fãs de alimentos picantes).

A grande novidade do menu do Tom Ticken veio por conta de uma paixão nacional. Como falar de frango e não ter um dos melhores salgadinhos de todos os tempos: a coxinha de galinha! A busca pela versão ideal foi longa. Mas o resultado final a fez de imediato ser a queridinha da marca. Massa macia e saborosa, recheio temperado, aquele toque sem excesso daquele conhecido requeijão cremoso e o empanamento na farinha panko, que mantém a crocância durante muito tempo. Um golaço!

Seguindo a linha divertida que sempre marcou as ações do Grupo T.T., diversas pessoas caracterizadas como frangos foram espalhadas por áreas da Zona Sul carioca. Além de brincar com as crianças e entreter quem entrasse no clima, os frangos também distribuíam as coxinhas, o que rendeu ainda mais burburinho para o lançamento.

A parte social também não foi esquecida. Os mil primeiros sanduíches vendidos geraram a mesma quantidade que seria distribuída para pessoas em situação de rua, além de ONGs parceiras. Porque fazer o bem sempre esteve no DNA do grupo.

Três marcas, três cardápios, uma linha de produção. Será que ainda cabia mais? O que mais poderia ser desbravado? Era a hora de mergulhar nas águas do litoral carioca.

Chegada da Marola Sanduicheria

Novamente uma ideia surge de uma oportunidade. Terceira unidade no Rio, a loja da Avenida Olegário Maciel, na Barra, estava obsoleta. Era preciso uma mudança. A poucos metros dali, na mesma rua, porém, em uma esquina mais movimentada, a Frescatto, uma das maiores empresas de pescados do Brasil, mantinha um restaurante que já estava fora dos planos. E se as duas empresas se unissem? Assim nasceu a parceria que gerou a Marola Sanduicheria, nova marca que teria um cardápio inteiro assinado por Thomas Troisgros e com os insumos da Frescatto. (Detalhe: pela primeira vez, outra marca dividiria um espaço físico com o T.T. Burger.)

Debate do menu. Entradas como ShrimPipoca, uma pipoca de camarão em massa de tempura, o clássico Fish&Chips, versões de shrimp roll e tuna melt... Tudo testado e aprovado. Mas o item número 1, o principal motivo da criação da marca, era repaginar o amado e extinto sanduíche de peixe da rede do palhaço. Fazer um com a assinatura Troisgros. O peixe foi empanado em farinha panko, que traz aquela crocância inigualável, e o molho tártaro usava como base um aïoli de cúrcuma, que ganhava a companhia de picles de cebola roxa e de pepino, acentuando, ainda mais, a acidez. Queijo cheddar derretido dando cremosidade – e aqui nada de meia fatia, não, eram duas inteiras! – e um macio pão brioche. Uma delícia de sanduíche.

O pré-lançamento foi outro golaço. Aproveitando os ares de mudança do imóvel antigo para o novo, o salão vazio foi completamente customizado para remeter ao fundo do mar. Luzes azuis, panos, pendurados, efeitos sonoros... Os convidados recebiam uma senha para poder entrar e viver aquela experiência de provar em primeira mão as criações que seriam servidas semanas depois já na loja remodelada.

Aqui cabe salientar uma curiosidade sobre o Marola. Aliás, vou pedir mais uma concessão para falar em primeira pessoa e relembrar essa história. O sanduíche que se tornou um queridinho da marca é o Marola Hot. Trata-se de um devaneio que eu, Rafael, tive ao imaginar que poderia ser possível pegar os elementos do hot Philadelphia — peça criada em restaurantes japoneses no Brasil que imediatamente virou a preferida de muitos e até a porta de entrada de outros para essa gastronomia — e repaginá-los em forma de sanduba. Salmão, cream cheese, cebolinha e casquinha crocante eram os itens obrigatórios. Gengibre e molho tarê, bons complementos. A solução seria empanar o salmão e montar com os demais itens.

Thomas na hora torceu o nariz, bateu o pé e disse não. Fazer o quê? Meu chef não gosta de salmão. O De Fumado, outro item do cardápio, só entrou por causa do quesito memória afetiva mais uma vez dos tempos de Nova York, onde há o sanduíche no pão bagel nas mais variadas delicatessens que existem por lá. Abusado, resolvi fazer para outros provarem, e os feedbacks eram positivos e animadores. Segui na insistência até receber o sim: "Vai, Rafael. Faz o que você quiser, então!" O sanduíche se tornou um hit de vendas, e, meses após seu lançamento, finalmente Thomas resolveu prová-lo e, ainda bem, aprová-lo!

Franquias pelo Brasil

Lembra-se das duas premissas do Grupo T.T. de que falamos lá atrás? Pois é, o delivery estava resolvido. Aliás, muito bem resolvido visto que o faturamento resultante de entrega já tinha superado o das lojas presenciais. A linha de produção multimarcas também — eram marcas consolidadas que funcionavam na mesma cozinha aumentando consideravelmente o portfólio da empresa sem comprometer em absolutamente nada a qualidade dos produtos.

Isso só foi possível graças aos inúmeros processos desenhados que garantiram ainda mais a segurança de todos. Foram esses passos, tanto na linha de produção como nos bastidores, que possibilitaram a mudança de pensamento. Que permitiram avançar e atender os pedidos e anseios de inúmeras pessoas que procuravam o T.T. para levá-lo às suas cidades.

Reuniões nos bastidores do time de logística desenharam os planos para garantir que todos os mesmos insumos utilizados no Rio conseguiriam chegar a qualquer cidade que decidisse ter um T.T. Burger. E mais uma vez um pensamento que era tido como lei foi derrubado e se transformou em outro item positivo da empresa. Este livro é de 2024 e, neste ano, o número de lojas de franqueados já superou o de lojas próprias do Rio, graças a essa plataforma de tecnologia gastronômica de operação multimarcas na mesma linha de produção. O modelo de expansão prevê tanto lojas físicas como outras funcionando exclusivamente via delivery nas hoje tão difundidas *dark kitchens*.

PARTE 2:
O HAMBÚRGUER

O SANDUÍCHE

O conceito estava definido: abrasileirar o que os norte-americanos faziam com facilidade. Mas como chegar a isso na prática? A primeira atitude de Thomas após a reunião que sacramentou a decisão de criar o T.T. Burger foi voltar a Nova York. Por lá foram dias intensos de pesquisa e de incontáveis hambúrgueres degustados. A simplicidade, algo que, aliás, sempre encantou não apenas Thomas como também as gerações anteriores de sua família, não era uma característica e sim uma regra. Não havia necessidade de grandes invencionices. Piscina de cheddar, bacon caramelizado, acompanhamentos mirabolantes... Nada disso enchia os olhos. Pelo contrário, o que abraçava a alma eram sanduíches diretos, cardápios enxutos e, sobretudo, sabor. Ao voltar dos Estados Unidos, a odisseia para montar o hambúrguer perfeito começou.

O blend

São muitos os fatores que envolvem a discussão e os testes para se definir o blend de um bom burger. Um deles, por exemplo, é preciso ser discutido antes mesmo de moer uma carne. Como ela será preparada? Um burger feito com contato direto com a chama – no caso de um *broiler* a gás ou de uma churrasqueira, por exemplo – tem de ter um teor menor de gordura. Não era o caso do T.T. Por sinal, Thomas é um defensor da gordura no burger. É o que confere sabor e suculência. Como a ideia sempre foi fazer na chapa, o teor ficou estabelecido para ficar entre 20% e 25%.

Parte-se, então, para as combinações. Foram testadas seis (falaremos detalhadamente sobre essas mais à frente), tendo a maioria delas o acém como base. Era preciso encontrar o complemento que iria imprimir não apenas mais sabor como ainda a gordura para chegar ao teor desejado. O escolhido foi costela desossada e, também, um toque de contrafilé. A proporção? Bom, o segredo vai morrer com o Thomas! É um daqueles que não têm mesmo como arrancar!

A moagem também foi muito testada e discutida. É lugar comum no mundo do hambúrguer uma moagem dupla nos cortes. O T.T. também subverteu esse conceito. As carnes passam uma única vez pelo disco de 6 milímetros do moedor. O objetivo é simples: menos compactação e grânulos de carne maiores que conferem sabor mais intenso e mordida mais leve.

Carnes moídas, blends pesados e moldados, somente sal e pimenta-do-reino no tempero, era a hora do preparo. Os processos que até hoje figuram nas cozinhas do T.T. foram desenhados lá no início. Temperatura girando entre 200 °C e 220 °C para entrar com o burger na chapa. O peso em cima garante a manutenção do formato e uma crosta uniforme. Três minutos de um lado. Virou, volta o peso em cima, para garantir novamente o dourado por igual durante mais 2 minutos. Queijo por cima, abafar por 1 minuto e temos um burger perfeitamente ao ponto.

O queijo

Escolha número 1 na maioria dos burgers provados na pesquisa, o American cheese é um tiro certeiro. Afinal de contas, a principal característica desse queijo, além do sabor, é o derretimento perfeito. Trata-se de um queijo cremoso que abraça seu blend e se mantém dessa maneira da primeira à última mordida. Mas se lembra da ideia inicial? O objetivo era simples e direto: abrasileirar o burger. A escolha para o T.T. não poderia ter "American" no nome. Além disso, Thomas, um apaixonado por queijos, queria personalidade nesse item. A busca foi intensa. Os básicos muçarela e prato, que superfuncionam em um sanduíche, foram dispensados de cara. As vertentes europeias, tipo gruyère, ementhal, estepe, entre outros queijos, também foram descartados. A solução foi olhar para a escola de Minas Gerais.

O queijo meia cura surgiu como a opção ideal. Produzido de maneira quase artesanal, é um queijo que alterna frescor e sabor intenso de acordo com o tempo de cura. A acidez lática tão apreciada no mundo dos queijos estava presente e conferia ainda mais personalidade ao sanduíche. Além disso, tem um derretimento perfeito. Mas isso apenas não bastava. O fundamental foi alcançado: manter a consistência com o tempo e não ficar com aquela mordida borrachuda. Um golaço!

Os complementos: salada, picles e molho

Carne e queijo prontos. Era a hora de definir os demais itens do burger. A salada não tem mistério: tomate fresco e alface. Mas aqui com atenção para outro detalhe. Nada da alface lisa, clássica de sanduicherias e padarias, ou da americana, a mais utilizada em Nova York. A escolhida foi a alface-romana, com suas folhas longas e textura crocante.

O molho também não gerou dúvidas. Era fazer a sua versão do Thousand Island, ou melhor, o tal "molho especial" que todos conhecem! Uma base de maionese com toque de ketchup, mostarda, páprica, picles de pepino bem picado e a salmoura para acentuar ainda mais a acidez.

E aqui chegamos à palavra-chave: **a-ci-dez**. Uma rápida pesquisa para quem não é um estudioso da gastronomia informa que essa é a assinatura da família Troisgros. O prato que revolucionou o mundo e originou a *nouvelle cuisine* na década de 1970 foi o *saumon à l'oseille*, ou salmão com molho de azedinha, criado pelos irmãos Pierre e Jean Troisgros. Entre todos os detalhes dessa criação, chama a atenção um molho leve e ácido que abraçava o peixe cozido de maneira perfeita. Dito isso, era preciso honrar esse legado. Thomas optou, então, não por um, mas, sim, dois picles diferentes dentro do mesmo sanduíche: de cebola roxa e de chuchu!

Para se tornarem complementares, Thomas fez dois preparos diferentes. O de cebola roxa puxava mais para o agridoce. Já o de chuchu, escolha que para muitos foi considerada ousada, mas que para o chef fazia total sentido, mais ácido e de textura mais crocante. Outro golaço!

O pão

Thomas Troisgros. Nascido no Brasil, mas de família francesa. A escolha clássica seria uma só: brioche! Enganou-se quem pensou assim. Novamente, a inspiração era norte-americana. E por lá o favorito é o *potato bun*, ou melhor, o pão de batata. De textura mais firme e sabor mais neutro que o brioche amanteigado, o pão feito com o tubérculo tem mais estrutura para aguentar o hambúrguer e deixa as estrelas da festa se manterem como protagonistas.

No entanto, era preciso algo a mais. Na luta para achar o pão ideal, Thomas encontrou também o seu diferencial. O toque que amarraria de vez todo o conceito de seu hambúrguer 100% brasileiro. O pão era feito com batata-doce. Todas as características estavam lá, mas com um leve dulçor que amarrava perfeitamente o sanduíche. Senhoras e senhores, o T.T. Burger estava pronto!

A batata do Thomas

Certos alimentos nasceram um para o outro. Formam aquelas duplas estilo Bebeto e Romário que ficam na cabeça das pessoas. Exemplos? Pão e manteiga. Queijo e presunto. Arroz e feijão. **Hambúrguer e batata frita**. Não há como abrir uma hamburgueria e não pensar nessa dupla perfeita. E obviamente a batata frita esteve nos testes. A escolha básica foi pela fininha, frita à perfeição e finalizada com a mistura de sal e pimenta-do-reino.

No entanto, era preciso um produto ainda mais especial como segunda opção. Já falamos sobre como a acidez nos preparos é marca registrada da família Troisgros. Thomas herdou esse gosto não só no dia a dia da cozinha como também no paladar. Tanto é que, sempre quando entrava nos mercados em Nova York e ia para a sessão de biscoitos, a escolha era uma só: *salt and vinegar chips*. As batatinhas de sabor ácido encantavam o chef, que resolveu desenvolver a sua própria versão para o T.T.

As batatas fatiadas marinam no vinagre de vinho branco por 48 horas. Nesse período, absorvem todo o sabor. Em seguida, são fritas até ficarem crocantes para ganhar na finalização um sal que também ganha adição de vinagre e ressalta ainda mais essa acidez. Mais um golaço!

O Goiabada Ketchup®

Sanduíche montado, testado e mais do que aprovado. Batatas fritas e crocantes em duas versões. Faltava um molho para representar ainda mais a marca. Vez ou outra surgem ideias que viram tendência e ganham o país. O bolinho de feijoada criado pela Kátia Barbosa, o dadinho de tapioca do Rodrigo Oliveira... São vários os exemplos. O ketchup de goiabada nas hamburguerias entra facilmente nesse balaio.

Thomas não inventou o produto. Ele, por sinal, já utilizava uma versão nos restaurantes do Grupo Troisgros ao lado do pai em pratos que tinham peixe e costela suína. A inspiração veio da gastronomia jamaicana com seus molhos de pegada *jerk* misturando frutas, pimentas e bastante especiarias. Por que não levar, então, para o T.T. e fazer dele o ketchup da marca? Utilizar goiabada na receita seria a coroação do conceito 100% brasileiro.

O sucesso foi imediato. Há, inclusive, quem vá ao T.T. às vezes só para comprar o molho Goiabada Ketchup® e levar para casa. Se tornou uma tendência e hoje é raro você encontrar hamburguerias por todo o Brasil que não façam suas próprias versões de molhos com o insumo. Pode mudar o nome, a combinação, mas a essência levada por Thomas está lá.

Os Sacodes

Sacode é sobremesa? É acompanhamento? A discussão está sempre em pauta, mas, seja qual for o seu time, é fato que milk-shake é fundamental em uma hamburgueria. Na ocasião de testes e debates, coube a outro membro da família Troisgros a missão de testar e desenvolver o produto. Doceira de mão-cheia, Carola Troisgros, irmã de Thomas, apresentou sua versão da bebida. Pouco leite, muito sorvete e a batida por longos minutos conferiram uma textura única à criação. Tanto Rony quanto Thomas não tiveram nenhuma dúvida após provar. O sabor? Outra ode ao Brasil. Nada de caramelo, creme de avelã, pistache... Era o brasileiríssimo doce de leite, mas com um leve toque de flor de sal, que amarrava tudo de maneira perfeita.

Faltava, ainda, outro pequeno detalhe. No T.T. Burger originalmente brasileiro, a palavra "milk-shake" não cabia. Simplesmente não combinava. Veio o brainstorming, e a solução foi a mais simples possível. Ignora o milk, traduz o shake e assim está batizado o **Sacode**!

O passar dos anos fez naturalmente novas criações surgirem. Foram vários sabores sazonais e parcerias especiais. Uma das mais emblemáticas, por exemplo, foram as em parceria com o icônico Bar do Oswaldo, um botequim carioca clássico dono das batidas mais famosas da cidade. Elas inspiraram a criação dos Sacodes de coco, açaí e maracujá. Os sorvetes eram combinados com vodca, tornando-se um sucesso imediato.

As estações também inspiraram a criação de novos sabores. Manga com gengibre e hortelã, que foi batizado de "Sacode de verão". Outro que marcou foi o de frutas vermelhas, somando um sorvete saboroso com calda de frutas vermelhas, como amora, morango e framboesa. A combinação de sorvete de limão com rapadura, hortelã, melado de cana e vodca ou cachaça foi chamada de "Sacode de caipirinha". Havia ainda Sacodes de biscoito recheado, de brownie, do tão queridinho creme de avelã... Tudo virava inspiração, tudo virava Sacode!

PARTE 3:

MÃO NA MASSA! OU MELHOR, MÃO NO BURGER!

PARA FAZER SEU BURGER EM CASA

Tudo muito bom, tudo muito bem, mas será que dá para fazer um bom burger em casa? Olha quantos segredos já contamos por aqui. E a resposta é: óbvio que dá! A começar pelo blend, como tínhamos comentado anteriormente. Vamos falar aqui sobre algumas opções para você. Uma das grandes diversões na cozinha é testar, brincar e encontrar seu favorito. Vamos iniciar aqui pelos mais gordos, os mais suculentos... São combinações que naturalmente vão atingir o índice de 20% a 25% de gordura e render discos de carne extremamente saborosos, como estas quatro:

- 50% de acém, 25% costela e 25% contrafilé;
- 80% acém e 20% costela;
- 50% acém e 50% peito;
- 100% fraldinha.

Está de dieta? Não quer algo tão gordo? Tudo bem! O mundo do hambúrguer é extremamente democrático e tem espaço para todo mundo. Aqui vão duas opções que ficam abaixo de 20% de gordura resultando em hambúrgueres mais leves e de sabor menos intenso:

- 100% filé-mignon;
- 80% patinho e 20% acém.

Sabemos que dificilmente alguém tem em casa uma chapa profissional. Então, uma saída é substituir a chapa por uma boa frigideira de aço inoxidável com fundo triplo ou por aquelas clássicas de ferro fundido. Ambas aguentam e, sobretudo, retêm muito bem o calor. Outra boa opção é comprar uma chapa de ferro portátil e colocar em cima da boca do fogão. E na churrasqueira a carvão? Superfunciona! E seu burger ainda vai ficar com aquele gostinho único e levemente defumado proporcionado pelo calor da brasa e do carvão. Aliás, essa condição "calor" é a mais fundamental: para fazer burger, é preciso uma fonte forte de calor. Só assim vamos aquecer a superfície o suficiente para fazer a crosta desejada na carne e chegar ao seu ponto ideal sem cozinhar demais.

Um abafador também é fundamental. Ele vai garantir um derretimento uniforme do queijo, o que contribui não apenas na experiência na hora de degustar como ainda na questão visual. Ninguém quer apresentar um burger feio, não é?

A seguir, abrimos para você um mundo de receitas e possibilidades. (Algumas têm até *reel* do preparo, que pode diferir um pouquinho do que aparece aqui – então, se tiver QR Code na foto, é só abrir na câmera de seu celular e assistir, OK?) Nas páginas seguintes, estão os clássicos antigos e modernos do T.T. Burger, junto das estrelas das demais marcas do Grupo. Mas também temos nossas pirações, ao lado das versões de clássicos que até hoje são referências na hora de criar algum burger ou sanduba. Além disso, é claro que temos as receitas dos molhos, complementos e Sacodes, que vão tornar a experiência muito mais completa. E ainda tem mais! Convidamos 13 chefs e amigos para se aventurar conosco no mundo dos burgers e sanduíches, e compartilhar uma de suas receitas.

Enfim, é carne moldada, chapa quente e muito hambúrguer pela frente!

Aproveite!

Rafael Cavalieri e Thomas Troisgros

PARTE 4:
RECEITAS DO T.T.

BURGERS E SANDUBAS

PARTE 4: RECEITAS DO T.T.

T.T. Burger Original* *(2 porções)*

400 g do blend de sua preferência

Sal e pimenta-do-reino

80 g de queijo meia cura fatiado

2 pães de batata-doce

30 g de alface-romana

40 g de tomate em fatias

40 g de picles de chuchu
(ver receita na p. 183)

40 g de picles de cebola roxa
(ver receita na p. 183)

60 g de molho T.T.
(ver receita na p. 188)

Modo de preparo

1. Misture bem as carnes até ficarem homogêneas. Separe em duas bolinhas de 200 g cada uma. Jogue essas de uma das mãos para a outra, com o objetivo de compactar e retirar o excesso de ar. Molde os burgers com um aro de 10 cm.

2. Esquente bem uma frigideira de ferro. Tempere os burgers generosamente dos dois lados com sal e pimenta-do-reino.

3. Entre com os burgers e coloque um peso sobre esses para manter o formato e grelhar de maneira uniforme. Mantenha assim por 3 minutos.

4. Vire os burgers, coloque novamente o peso em cima desses e grelhe por mais 2 minutos.

5. Retire o peso, adicione as fatias de queijo sobre os burgers e abafe com uma tampa por mais 1 minuto.

6. Retire os burgers e deixe descansar por 1 minuto.

7. Aqueça os pães na frigideira. Entre com os burgers nas bases dos pães. Cubra os burgers com alface, tomate, picles de chuchu, picles de cebola roxa, molho T.T. e feche com as partes de cima dos pães.

* Ao longo dos anos, esse sanduíche passou por duas pequenas adaptações. Primeiro, o pão de batata-doce perdeu a adição de gergelim, o que deixou um visual mais limpo. A outra foi a retirada dos picles de chuchu, também com o objetivo de equilibrar ainda mais o sanduíche. Assim, chegamos à versão atual, que consideramos a ideal.

Goiabacon T.T.

(2 porções)

- 240 g do blend de sua preferência
- 100 g de bacon fatiado
- 60 g de cebola caramelizada
  (ver receita na p. 183)
- 50 g de Goiabada Ketchup® ou de ketchup de goiabada
  (ver receita na p. 186)
- Sal e pimenta-do-reino
- 60 g de queijo cheddar fatiado
- 2 pães de batata-doce

Modo de preparo

1. Misture bem as carnes até ficarem homogêneas. Separe em duas bolinhas de 120 g cada uma. Jogue essas de uma das mãos para a outra com o objetivo de compactar e retirar o excesso de ar. Molde os burgers com um aro de 10 cm.
2. Em uma frigideira em temperatura baixa, coloque as fatias de bacon e deixe lentamente secar a gordura até ficar dourado. Vire e repita o processo. Retire e reserve.
3. Aqueça em outra frigideira a cebola caramelizada. Entre com o ketchup de goiabada e misture bem. Retire e reserve.
4. Esquente bem uma frigideira de ferro. Tempere os burgers dos dois lados com sal e pimenta-do-reino.
5. Entre com os burgers e coloque um peso sobre esses para manter o formato e grelhar de maneira uniforme. Mantenha assim por 1 minuto.
6. Vire os burgers, coloque novamente o peso em cima desses e grelhe por mais 1 minuto.
7. Retire o peso, entre com as fatias de queijo sobre os burgers e abafe com uma tampa por mais 1 minuto.
8. Retire os burgers e deixe descansar por 1 minuto.
9. Aqueça os pães na frigideira. Entre com o burger nas bases dos pães. Cubra os burgers com a geleia feita com a cebola caramelizada e o ketchup de goiabada, as fatias de bacon douradas e feche com as partes de cima dos pães.

Assista ao *reel* do preparo

Assista ao *reel* do preparo

PARTE 4: RECEITAS DO T.T.

T.T. Trufado *(2 porções)*

360 g do blend de sua preferência

Sal e pimenta-do-reino

80 g de queijo meia cura fatiado

2 pães de batata-doce

60 g de cebola caramelizada
(ver receita na p. 183)

60 g de maionese trufada
(ver receita na p. 187)

Modo de preparo

1. Misture bem as carnes até ficarem homogêneas. Separe em duas bolinhas de 180 g cada uma. Jogue essas de uma das mãos para a outra com o objetivo de compactar e retirar o excesso de ar. Molde os burgers com um aro de 10 cm.

2. Esquente bem uma frigideira de ferro. Tempere os burgers generosamente dos dois lados com sal e pimenta-do-reino.

3. Entre com os burgers e coloque um peso sobre esses para manter o formato e grelhar de maneira uniforme. Mantenha assim por 3 minutos.

4. Vire os burgers, coloque novamente o peso em cima desses e grelhe por mais 2 minutos.

5. Retire o peso, entre com as fatias de queijo sobre os burgers e abafe com uma tampa por mais 1 minuto.

6. Retire os burgers e deixe descansar por 1 minuto.

7. Aqueça os pães na frigideira. Entre com os burgers nas bases dos pães. Cubra os burgers com cebola caramelizada, maionese trufada e feche com as partes de cima dos pães.

Seu Barriga *(2 porções)*

280 g de barriga de porco defumada

Sal e pimenta-do-reino

80 g de queijo meia cura fatiado

2 pães de batata-doce

30 g de picles de chuchu
(ver receita na p. 183)

40 g do molho Pimenta Doce do T.T.
(ver receita na p. 187)

Modo de preparo

1. Corte a barriga de porco defumada em duas fatias de 140 g cada uma.
2. Tempere a barriga dos dois lados com sal e pimenta-do-reino.
3. Aqueça uma frigideira de ferro. Entre com a barriga de porco e coloque um peso sobre essa para manter o formato e grelhar de maneira uniforme. Mantenha assim por 3 minutos.
4. Vire as fatias de barriga de porco, coloque novamente o peso em cima dessas e grelhe por mais 2 minutos.
5. Retire o peso, entre com as fatias de queijo sobre a barriga de porco e abafe com uma tampa por mais 1 minuto.
6. Retire e deixe descansar por 1 minuto.
7. Aqueça os pães na frigideira. Entre com as fatias de barriga nas bases dos pães. Cubra a barriga de porco com picles de chuchu, molho Pimenta Doce do T.T. e feche com as partes de cima dos pães.

PARTE 4: RECEITAS DO T.T.

T.T. Praquemnãocomecarne *(2 porções)*

- 1 fio de azeite
- 200 g de cogumelo shiitake
- Sal e pimenta-do-reino
- 80 g de queijo meia cura fatiado
- 2 pães de batata-doce
- 30 g de alface-romana
- 40 g de tomate em fatias
- 40 g de picles de chuchu
  (ver receita na p. 183)
- 40 g de picles de cebola roxa
  (ver receita na p. 183)
- 60 g de molho T.T.
  (ver receita na p. 188)

Modo de preparo

1. Esquente bem uma frigideira de ferro e coloque um fio de azeite. Tempere os shiitakes generosamente dos dois lados com sal e pimenta-do-reino.
2. Entre com os cogumelos e coloque um peso sobre esses para manter o formato e grelhar de maneira uniforme. Mantenha assim por 3 minutos.
3. Vire os cogumelos, coloque novamente o peso em cima desses e grelhe por mais 2 minutos.
4. Retire o peso, entre com as fatias de queijo sobre os cogumelos e abafe com uma tampa por mais 1 minuto.
5. Retire e deixe descansar por 1 minuto.
6. Aqueça os pães na frigideira. Entre com os shiitakes nas bases dos pães. Cubra com alface, tomate, picles de chuchu, picles de cebola roxa, molho T.T. e feche com as partes de cima dos pães.

T.T. Doispontozero

(2 porções)

400 g do blend de sua preferência

Sal e pimenta-do-reino

80 g de queijo muçarela brasileira fatiado

2 pães de batata-doce

30 g de alface-romana

80 g de relish de maçã verde

60 g aïoli de cúrcuma
(ver receita na p. 186)

Modo de preparo

1. Misture bem as carnes até ficarem homogêneas. Separe em duas bolinhas de 200 g cada uma. Jogue essas de uma das mãos para a outra com o objetivo de compactar e retirar o excesso de ar. Molde os burgers com um aro de 10 cm.

2. Esquente bem uma frigideira de ferro. Tempere os burgers generosamente dos dois lados com sal e pimenta-do-reino.

3. Entre com os burgers e coloque um peso sobre esses para manter o formato e grelhar de maneira uniforme. Mantenha assim por 3 minutos.

4. Vire os burgers, coloque novamente o peso em cima desses e grelhe por mais 2 minutos.

5. Retire o peso, entre com as fatias de queijo sobre os burgers e abafe com uma tampa por mais 1 minuto.

6. Retire os burgers e deixe descansar por 1 minuto.

7. Aqueça os pães na frigideira. Entre com os burgers nas bases dos pães. Cubra com alface, relish de maçã verde, aïoli de cúrcuma e feche com as partes de cima dos pães.

T.T. Praquemnãoguenta *(2 porções)*

240 g do blend de sua preferência

Sal e pimenta-do-reino

80 g de queijo muçarela brasileira fatiado

2 pães de batata-doce

50 g de cebola caramelizada
(ver receita na p. 183)

40 g de aïoli de cúrcuma
(ver receita na p. 186)

Modo de preparo

1. Misture bem as carnes até ficarem homogêneas. Separe em duas bolinhas de 120 g cada uma. Jogue essas de uma das mãos para a outra com o objetivo de compactar e retirar o excesso de ar. Molde os burgers com um aro de 10 cm.

2. Esquente bem uma frigideira de ferro. Tempere os burgers dos dois lados com sal e pimenta-do-reino.

3. Entre com os burgers e coloque um peso sobre esses para manter o formato e grelhar de maneira uniforme. Mantenha assim por 1 minuto.

4. Vire os burgers, coloque novamente o peso em cima desses e grelhe por mais 1 minuto.

5. Retire o peso, entre com as fatias de queijo sobre os burgers e abafe com uma tampa por mais 1 minuto.

6. Retire os burgers e deixe descansar por 1 minuto.

7. Aqueça os pães na frigideira. Entre com os burgers nas bases dos pães. Cubra com a cebola caramelizada, o aïoli de cúrcuma e feche com as partes de cima dos pães.

BuT.T.er Burger *(2 porções)*

- 400 g do blend de sua preferência
- 100 g de manteiga de ervas
  (ver receita adiante)
- 100 g de bacon fatiado
- Sal e pimenta-do-reino
- 80 g de queijo meia cura fatiado
- 2 pães de batata-doce
- 80 g de molho T.T.
  (ver receita na p. 188)

Modo de preparo

1. Misture bem as carnes até ficarem homogêneas. Separe em quatro bolinhas de 100 g cada uma. Jogue essas de uma das mãos para a outra com o objetivo de compactar e retirar o excesso de ar.
2. Coloque uma bolinha em um molde de 10 cm de diâmetro. No meio da carne, insira 50 g da manteiga de ervas. Cubra com a outra bolinha de carne fechando bem. Mantenha os burgers na geladeira até a hora de levar para a frigideira.
3. Em uma frigideira em temperatura baixa, coloque as fatias de bacon e deixe lentamente secar a gordura até o bacon ficar dourado. Vire e repita o processo. Retire e reserve.
4. Esquente bem uma frigideira de ferro. Tempere os burgers dos dois lados com sal e pimenta-do-reino.
5. Entre com os burgers e coloque um peso sobre esses para manter o formato e grelhar de maneira uniforme. Mantenha assim por 3 minutos.
6. Vire os burgers, coloque novamente o peso em cima desses e grelhe por mais 2 minutos.
7. Retire o peso, entre com as fatias de queijo sobre os burgers e abafe com uma tampa por mais 1 minuto.
8. Retire os burgers e deixe descansar por 1 minuto.
9. Aqueça os pães na frigideira com mais manteiga de ervas. Entre com os burgers nas bases dos pães. Cubra com as fatias de bacon douradas, molho T.T. e feche com as partes de cima dos pães.

Manteiga de ervas

- 200 g de manteiga
- Salsinha picada, a gosto
- Tomilho picado, a gosto
- Alecrim picado, a gosto
- 1 dente de alho ralado
- Sal e pimenta-do-reino

Modo de preparo

1. Junte a manteiga em ponto pomada em um bowl com as ervas picadas e o alho ralado. Tempere com sal e pimenta-do-reino. Misture bem até ficar homogênea. Passe para um plástico filme e enrole. Leve ao freezer para congelar.
2. Retire a manteiga e corte em fatias de 1 cm cada uma.

PARTE 4: RECEITAS DO T.T.   97

Burger alla Carbonara *(2 porções)*

360 g do blend de sua preferência

100 g de bacon fatiado

Sal e pimenta-do-reino

60 g de queijo pecorino ralado

2 pães de batata-doce

160 g de molho carbonara
(ver receita adiante)

Modo de preparo

1. Misture bem as carnes até ficarem homogêneas. Separe em duas bolinhas de 180 g cada uma. Jogue essas de uma das mãos para a outra com o objetivo de compactar e retirar o excesso de ar. Molde os burgers com um aro de 10 cm.
2. Em uma frigideira em temperatura baixa, coloque as fatias de bacon e deixe lentamente secar a gordura até o bacon ficar dourado. Vire e repita o processo. Retire e reserve.
3. Esquente bem uma frigideira de ferro. Tempere os burgers dos dois lados com sal e pimenta-do-reino.
4. Entre com os burgers e coloque um peso sobre esses para manter o formato e grelhar de maneira uniforme. Mantenha assim por 1 minuto.
5. Vire os burgers, coloque novamente o peso em cima desses e grelhe por mais 1 minuto.
6. Retire o peso, entre com o pecorino ralado sobre os burgers e abafe com uma tampa por mais 1 minuto.
7. Retire os burgers e deixe descansar por 1 minuto.
8. Aqueça os pães na frigideira. Entre com os burgers nas bases dos pães. Cubra com o molho carbonara as fatias de bacon douradas e feche com as partes de cima dos pães.

Molho carbonara

1 ovo

3 gemas

100 g de queijo pecorino ralado fino

Pimenta-do-reino, q.b.

100 g de bacon fatiado

Modo de preparo

1. Junte o ovo e as gemas com o pecorino ralado fino e bastante pimenta-do-reino moída.
2. Entre com o bacon em temperatura ambiente.
3. Misture bem e aqueça em banho-maria até cozinhar os ovos. Reserve o molho.

T.T. au Poivre

(2 porções)

360 g do blend de sua preferência
20 g de pimenta-do-reino em grãos
Sal
2 pães de batata-doce

80 g de queijo meia cura
80 g de molho au poivre
(ver receita adiante)
80 g de cebola caramelizada
(ver receita na p. 183)

Modo de preparo

1. Misture bem as carnes até ficarem homogêneas. Separe em duas bolinhas de 180 g cada uma. Jogue essas de uma das mãos para a outra com o objetivo de compactar e retirar o excesso de ar. Molde os burgers com um aro de 10 cm.
2. Em uma frigideira seca, aqueça os grãos de pimenta-do-reino. Em seguida, triture os grãos grosseiramente com a ajuda de um pilão. Reserve.
3. Esquente bem uma frigideira de ferro. Tempere os burgers dos dois lados com sal e passe na pimenta-do-reino triturada.
4. Entre com os burgers e coloque um peso sobre esses para manter o formato e grelhar de maneira uniforme. Mantenha assim por 1 minuto.
5. Vire os burgers, coloque novamente o peso em cima desses e grelhe por mais 1 minuto.
6. Retire o peso, entre com o queijo sobre os burgers e abafe com uma tampa por mais 1 minuto.
7. Retire os burgers e deixe descansar por 1 minuto.
8. Aqueça os pães na frigideira. Entre com os burgers nas bases dos pães. Cubra com o molho au poivre, a cebola caramelizada e feche com as partes de cima dos pães.

Molho au poivre

10 g de manteiga
20 g de cebola roxa picada
60 ml de conhaque
200 ml de creme de leite fresco
50 ml de demi-glace
Sal
15 g de pimenta-verde em conserva

Modo de preparo

1. Em uma frigideira alta, derreta a manteiga e entre com a cebola roxa picada. Refogue até murchar sem deixar dourar.
2. Coloque o conhaque, flambe e deixe evaporar o álcool.
3. Coloque o creme de leite fresco e deixe reduzir o volume pela metade. Entre com o demi-glace e siga reduzindo.
4. Corrija o sal e finalize com a pimenta-verde. Reserve esse molho.

Assista ao *reel* do preparo

PARTE 4: RECEITAS DO T.T. 101

Chicken Chilli Crisp *(2 porções)*

2 filés de sobrecoxa

Sal e pimenta-do-reino

Farinha de trigo, ovos batidos e farinha panko, para empanar

Óleo, o suficiente para fritar por imersão

2 pães de batata-doce

60 g de creme azedo
(ver receita adiante)

50 g de chilli crispy
(ver receita adiante)

30 g de folhas de alface-romana

40 g de tomate fatiado

Modo de preparo

1. Tempere os filés de sobrecoxa com sal e pimenta-do-reino.
2. Empane seguindo esta ordem: farinha de trigo, ovos batidos e farinha panko.
3. Aqueça o óleo entre 160 °C e 175 °C, e frite o frango empanado até ficar dourado (de 3 a 4 minutos).
4. Aqueça os pães na frigideira. Entre com o creme azedo e o frango frito nas bases dos pães. Por cima, coloque o chilli crispy, a alface e o tomate e feche com as partes de cima dos pães.

Creme azedo

150 g de cream cheese

1 limão taiti *(suco)*

Modo de preparo

1. Junte o cream cheese e o suco de limão.
2. Bata bem com um fouet para alongar e incorporar ar. Reserve.

Chilli crispy

450 ml de óleo de milho ou de girassol
150 g de cebola roxa fatiada
6 dentes grandes de alho fatiado
3 folhas de louro
1 unidade de canela em pau
40 g de pimenta calabresa
15 g de pimenta caiena
15 g de açúcar
Sal e pimenta-do-reino

Modo de preparo

1. Coloque o óleo, a cebola roxa, o alho, as folhas de louro e a canela em pau para aquecer em fogo médio.
2. Enquanto isso, junte em um bowl grande todos os demais ingredientes (pimentas calabresa e caiena, açúcar, sal e pimenta-do-reino).
3. Quando a cebola e o alho estiverem dourados e crocantes, coe o óleo quente diretamente em cima dos temperos secos.
4. Após esfriar, junte a cebola e o alho. Reserve.

Smash Rabanada *(2 porções)*

80 g de cebola roxa fatiada

150 g de cenoura ralada

80 g de pimentão amarelo fatiado

80 g de pimentão vermelho fatiado

80 g de milho

100 g de maionese
(ver receita na p. 121)

1 limão *(suco)*

15 g de mostarda

Sal e pimenta-do-reino

Cebolinha, a gosto

200 ml de leite

2 ovos

30 g de queijo parmesão ralado

Cebolete, a gosto

2 fatias grossas de pão para rabanada

160 g do blend de sua preferência

60 g de queijo cheddar fatiado

Modo de preparo

1. Em um bowl, coloque todos os legumes (cebola roxa, cenoura, pimentões e milho). Entre com a maionese, o suco de limão e a mostarda. Misture bem e acerte o tempero com sal e pimenta-do-reino. Finalize com a cebolinha. Reserve esse salpicão.

2. Misture o leite, os ovos, o queijo ralado, a cebolete, mais sal e pimenta-do-reino. Bata bem. Coloque os pães na mistura e leve na chapa até ficarem dourados dos dois lados. Retire e reserve.

3. Misture bem as carnes até ficarem homogêneas. Separe em quatro bolinhas de 40 g cada uma. Jogue essas de uma das mãos para a outra com o objetivo de compactar e retirar o excesso de ar.

4. Esquente bem uma frigideira de ferro. Coloque as bolinhas e tempere também com sal e pimenta-do-reino.

5. Com a ajuda de uma prensa, amasse com força as bolinhas para ficarem finas e crocantes.

6. Após dourar bem, vire os burgers prensados, coloque as fatias de queijo, deixe por 1 minuto, retire e reserve.

7. Coloque os burgers por cima das rabanadas, cubra com o salpicão, decore com a cebolinha.

Assista ao *reel* do preparo

Bulgogi Burger *(4 porções)*

- 300 g de pera
- 30 g de gengibre
- 200 g de cebola
- 20 g de açúcar mascavo
- 100 ml de shoyu
- 15 ml de óleo de gergelim torrado
- 20 g de gochujang *(pasta de pimenta coreana fermentada)*
- 7 ml de nampla *(molho de peixe tailandês)*
- 400 g de coração da alcatra fatiado fino
- 40 g de cebolinha *(parte branca cortada em bastões)*
- 1 fio de azeite
- 4 pães de batata-doce
- 100 g de kimchi *(conserva coreana de acelga fermentada)* **picado grosseiramente**
- 5 g de cebolinha *(parte verde cortada fina)*
- 2 g de gergelim preto e branco misturados

Modo de preparo

1. Pique em cubos grossos a pera, o gengibre e a cebola. Coloque tudo no liquidificador junto com o açúcar, o shoyu, o óleo de gergelim, o gochujang e o namplá. Bata bem até se tornar uma mistura homogênea.

2. Cubra a carne fatiada fina com a mistura, entre com a parte branca da cebolinha cortada em bastões e reserve na geladeira para marinar por, no mínimo, 20 minutos e, no máximo, 1 hora.

3. Esquente bem uma frigideira de ferro e coloque um fio de azeite. Coloque a carne fatiada junto com toda a marinada. Refogue até o excesso de líquido evaporar e tudo ficar bem caramelizado.

4. Aqueça os pães e entre com a carne nas bases dos pães. Coloque por cima desses o kimchi, a parte verde da cebolinha e a mistura de gergelins preto e branco. Feche com as partes de cima dos pães.

Menchi Katsu *(2 porções)*

- 240 g do blend de sua preferência
- Sal e pimenta-do-reino
- Farinha de trigo, ovos batidos e farinha panko, para empanar
- Óleo, o suficiente para fritar por imersão

- 2 pães de sua preferência *(o de batata-doce ou o de forma tradicional)*
- 30 g de molho tonkatsu *(ver receita adiante)*
- 30 g de repolho fatiado
- 60 g de maionese oriental *(ver receita adiante)*

Modo de preparo

1. Misture bem as carnes até ficarem homogêneas. Separe em duas bolinhas de 120 g cada uma. Jogue essas de uma das mãos para a outra com o objetivo de compactar e retirar o excesso de ar. Molde os burgers com um aro de 10 cm.
2. Tempere os burgers com sal e pimenta-do-reino. Empane seguindo esta ordem: farinha de trigo, ovos batidos e farinha panko.
3. Aqueça o óleo entre 170 °C e 180 °C, e frite até ficar dourado (cerca de 3 minutos).
4. Aqueça os pães, entre com os burgers, o molho tonkatsu, o repolho, mais molho tonkatsu e a maionese oriental nas bases dos pães. Feche com as partes de cima dos pães. Corte no meio e decore com mais maionese.

Molho tonkatsu

- 40 g de ketchup
- 40 g de Goiabada Ketchup® ou de ketchup de goiabada *(ver receita na p. 186)*
- 40 ml de shoyu
- 60 ml de molho inglês
- 15 ml de saquê mirin
- 5 g de açúcar
- 20 g de mostarda de Dijon
- Sal e pimenta-do-reino

Modo de preparo

1. Misture bem todos os ingredientes até se tornarem homogêneos.
2. Reserve.

Maionese oriental

- 2 gemas de ovo
- 1 g de Hondashi® *(tempero oriental à base de peixe)*
- 5 g de açúcar
- 10 ml de saquê mirin
- 10 ml de vinagre de arroz
- 20 g de mostarda de Dijon
- 1 limão *(suco)*
- Sal e pimenta-do-reino
- 300 ml de óleo de soja

Modo de preparo

1. Misture bem as gemas e os demais ingredientes, exceto o óleo.
2. Enquanto bate com o auxílio de um fouet, acrescente o óleo, em fio, até alcançar o ponto desejado para maionese.

Assista ao *reel* do preparo

Cavaca Roll *(2 porções)*

- 10 g de azeite
- 300 g de carne de cavaca
- 100 g de manteiga
- 3 dentes de alho picado
- 30 g de aipo picado
- 5 g de coentro picado
- 5 g de salsinha picada
- 5 g de aneto picado
- Sal e pimenta-do-reino
- 1/2 limão-siciliano *(suco)*
- 2 pães de batata-doce para cachorro-quente

Modo de preparo

1. Aqueça bem uma frigideira e entre com o azeite. Coloque os pedaços de cavaca e grelhe rapidamente. Retire e reserve.

2. Reduza o fogo e adicione a manteiga na mesma panela. Acrescente o alho e o aipo picados. Refogue lentamente sem deixar dourar. Entre, em seguida, com as ervas picadas e com a cavaca grelhada. Acerte o sal e a pimenta. Após cozinhar, finalize com o suco de limão.

3. Aqueça os pães com manteiga, faça um corte por cima no sentido do comprimento e recheie com a cavaca e o molho de manteiga com as ervas.

Goiabada Pulled Pork

(4 porções)

1,2 kg de copa lombo suína
Dry rub *(ver receita adiante)*
100 g de cebola picada
200 g de Goiabada Ketchup® ou de ketchup de goiabada *(ver receita na p. 186)*
20 ml de vinagre de arroz
50 ml de molho inglês
80 g de molho de ostra
5 g de mistura de temperos
Sal e pimenta-do-reino
Água, q.b.
4 pães de batata-doce
Coleslaw *(ver receita adiante)*

Modo de preparo

1. Corte a copa lombo em cubos grandes e tempere com dry rub. Aqueça uma panela e sele bem a carne em todos os lados. Retire e reserve.
2. Refogue a cebola picada, volte com a carne e entre com todos os demais ingredientes (ketchup de goiabada, vinagre de arroz, mais dry rub, molho inglês, molho de ostra, os temperos, o sal e a pimenta). Entre com água suficiente para cobrir toda a carne. Após pegar pressão na panela, cozinhe por 30 minutos.
3. Após retirar a pressão, desfie a carne e deixe cozinhando no próprio caldo.
4. Aqueça uma frigideira e coloque uma porção de 150 g da carne desfiada. Coloque mais ketchup de goiabada e o caldo do cozimento para caramelizar.
5. Coloque a carne na base do pão, cubra com coleslaw e feche com a parte de cima do pão.

Dry rub

10 g de Old Bay® *(mistura de ervas e especiarias)*
10 g de páprica picante
10 g de páprica defumada
5 g de cominho
5 g de mostarda em pó
Sal e pimenta-do-reino

Modo de preparo

1. Misture bem todos os ingredientes.
2. Reserve.

Coleslaw

150 g de repolho roxo fatiado fino
150 g de repolho fatiado fino
Cebolinha picada
Salsinha picada
80 g de maionese *(ver receita na p. 121)*
80 g de iogurte grego
Sal e pimenta-do-reino
1 limão *(suco)*

Modo de preparo

1. Junte os repolhos e as ervas picadas. Entre com a maionese e o iogurte grego e misture bem.
2. Tempere com sal, pimenta-do-reino, suco de limão e reserve.

Assista ao *reel* do preparo

PARTE 4: RECEITAS DO T.T.

T.T.una Melt *(4 porções)*

- 400 g de filé de atum
- 5 g de grãos de pimenta-do-reino
- 3 dentes de alho esmagados
- 1/2 pimenta-dedo-de-moça
- 2 folhas de louro
- 1 limão *(suco)*
- 100 ml de óleo de milho
- 200 ml de azeite
- 60 g de cebola roxa picada fininha
- 40 g de aipo picado fininho
- Talo de coentro picado fininho
- 150 g de maionese de atum *(ver receita adiante)*
- Sal e pimenta-do-reino
- 20 g de manteiga
- 8 fatias de pão de forma
- 8 fatias de queijo cheddar

Modo de preparo

1. Em uma panela, coloque o atum junto com os grãos de pimenta, os dentes de alho, a pimenta, as folhas de louro, o suco de limão e cubra com o óleo e o azeite.
2. Leve a panela ao fogo baixo. É importante o controle de temperatura: o óleo não pode ferver. O objetivo é cozinhar lentamente ao longo de 15 a 20 minutos. Após cozinhar, retire o peixe confitado, desfie este e coe o óleo descartando os sólidos. Reserve.
3. Faça uma salada, juntando ao atum desfiado e resfriado a cebola roxa, o aipo, o talo de coentro e a maionese de atum. Misture bem e corrija o tempero com sal e pimenta-do-reino. Reserve essa salada de atum.
4. Passe manteiga nos pães, coloque uma fatia de cheddar em cada um, recheie com a salada de atum, feche os pães e leve à frigideira até ficarem dourados.

Maionese de atum

- 1 gema de ovo
- 10 g de mostarda
- Sal e pimenta-do-reino
- 1/2 limão *(suco)*
- 250 ml de óleo do atum confitado

Modo de preparo

1. Coloque, em um bowl, a gema, a mostarda, o sal, a pimenta-do-reino e o suco de limão.
2. Misture bem com um fouet e, enquanto bate, adicione lentamente o óleo em que o atum foi cozido, até alcançar o ponto desejado para maionese. Reserve.

Xis Coração *(2 porções)*

- 200 g de coração de galinha
- Sal e pimenta-do-reino
- 100 g de manteiga de alho
  (ver receita adiante)
- 100 g de queijo meia cura
- 2 pães de cachorro-quente

Modo de preparo

1. Tempere os corações de galinha com sal e pimenta-do-reino, e grelhe em frigideira bem quente. Coloque, em seguida, um pouco da manteiga de alho. Após poucos minutos, cubra tudo com queijo e abafe para derreter. Retire e reserve.

2. Passe a manteiga de alho nos dois lados do pão e aqueça na frigideira até dourar. Recheie com o coração de galinha. Feche o pão.

Manteiga de alho

- 100 g de manteiga sem sal
- 5 dentes de alho cru picados
- 5 dentes de alho assado picados
- Salsinha picada
- Cebolinha picada
- 40 g de requeijão
- Sal e pimenta-do-reino

Modo de preparo

1. Em um bowl, entre com a manteiga em ponto de pomada, o alho cru e o assado picados e misturados, a salsinha, a cebolinha e o requeijão.

2. Misture bem e ajuste o tempero com sal e pimenta-do-reino. Reserve.

Assista ao *reel* do preparo

PasT.T.el Burger
(2 porções)

- 8 discos de massa de pastel
- 120 g de queijo meia cura fatiado
- Óleo, o suficiente para fritar por imersão
- 50 g de pimentão amarelo
- 50 g de pimentão vermelho
- 50 g de cebola roxa
- 50 g de tomate
- 5 g de cebolete
- 50 ml de azeite
- 15 ml de vinagre de estragão
- 240 g do blend de sua preferência
- Sal e pimenta-do-reino
- 60 g de queijo cheddar fatiado
- 100 g de molho à campanha
(ver receita na p. 129)

Modo de preparo

1. Recheie os discos de pastel com as fatias de queijo meia cura. Feche bem com o garfo e reserve.
2. Pique em brunoise os pimentões, a cebola roxa e o tomate. Pique bem a cebolete. Misture tudo com azeite e vinagre. Reserve.
3. Misture bem as carnes até ficarem homogêneas. Separe em duas bolinhas de 120 g cada uma. Jogue essas de uma das mãos para a outra com o objetivo de compactar e retirar o excesso de ar. Molde os burgers com um aro de 10 cm..
4. Esquente bem uma frigideira de ferro. Tempere os burgers dos dois lados com sal e pimenta-do-reino.
5. Entre com os burgers e coloque um peso sobre esses para manter o formato e grelhar de maneira uniforme. Mantenha assim por 1 minuto.
6. Vire os burgers, coloque novamente o peso em cima desses e grelhe por mais 1 minuto.
7. Retire o peso, entre com as fatias de queijo cheddar sobre os burgers e abafe com uma tampa por mais 1 minuto.
8. Retire os burgers e deixe descansar por 1 minuto.
9. Aqueça o óleo entre 160 °C e 180 °C, e frite os pastéis até ficarem crocantes e dourados.
10. Coloque um burger em cima de um pastel. Entre com o molho à campanha e feche com um segundo pastel.

Bahn Mi
(2 porções)

- 10 g de açúcar mascavo
- 30 ml de molho shoyu
- 7 g de garam masala *(mistura de temperos)*
- 10 ml de óleo de gergelim torrado
- 40 g de molho hoisin *(molho chinês feito com pasta de soja)*
- Sal e pimenta-do-reino
- 300 g de filé-mignon suíno
- 2 baguetes francesas
- 80 g de maionese de sriracha *(ver receita adiante)*
- 60 g de picles de nabo e cenoura *(ver receita adiante)*
- 10 g de pepino japonês em fatias
- Coentro, para finalizar

Modo de preparo

1. Faça a marinada para o filé-mignon suíno. Junte o açúcar, o shoyu, o masala, o óleo de gergelim, o hoisin e misture bem. Coloque essa mistura por cima da carne e deixe marinar por, pelo menos, 4 horas na geladeira.
2. Na chapa, grelhe o filé marinado, virando constantemente até ficar ao ponto (rosado por dentro). Deixe descansar por 1 minuto e fatie.
3. Abra a baguete e passe a maionese de sriracha dos dois lados. Entre com as fatias do filé grelhado, os picles, o pepino e finalize com folhas de coentro. Feche a baguete.

Picles de nabo e cenoura

- 200 ml de vinagre de arroz
- 100 g de açúcar
- 100 g de nabo em tiras finas
- 100 g de cenoura em tiras finas

Modo de preparo

1. Aqueça o vinagre e o açúcar até dissolver.
2. Coloque por cima dos legumes e reserve por, pelo menos, 1 hora.

Maionese de sriracha

- 1 gema de ovo
- 20 g de mostarda
- Sal e pimenta-do-reino
- 1 limão *(suco)*
- 300 ml de óleo de milho ou de girassol
- 40 g de sriracha *(molho à base de pimenta sriracha)*

Modo de preparo

1. Coloque em um bowl a gema, a mostarda, sal, pimenta-do-reino e o suco de limão.
2. Misture bem com um fouet e, enquanto bate, adicione o óleo, em fio, até alcançar o ponto desejado para a maionese.
3. Por fim, acrescente a sriracha e corrija o tempero.

Assista ao *reel* do preparo

PARTE 4: RECEITAS DO T.T.   121

X T.T.udo *(2 porções)*

- 360 g do blend de sua preferência
- 100 g de calabresa fatiada
- 60 g de cebola caramelizada *(ver receita na p. 183)*
- 10 g de manteiga
- 50 g de milho
- 50 g de ervilhas
- Sal e pimenta-do-reino
- 100 g de bacon em fatias
- 2 ovos caipiras
- 2 pães de batata-doce
- 80 g de queijo muçarela brasileira fatiado
- 80 g de presunto fatiado
- 40 g de maionese *(ver receita adiante)*
- 15 g de ketchup
- 10 g de mostarda
- Batata do Thomas quebrada grosseiramente *(ver receita na p. 182)*

Modo de preparo

1. Misture bem as carnes até ficarem homogêneas. Separe em duas bolinhas de 180 g cada uma. Jogue essas de uma das mãos para a outra com o objetivo de compactar e retirar o excesso de ar. Molde os burgers com um aro de 10 cm.
2. Aqueça uma frigideira de óleo e entre com a calabresa fatiada. Após dourar, coloque a cebola caramelizada, misture bem e reserve.
3. Na mesma frigideira, coloque um pouco da manteiga e entre com o milho e a ervilha. Refogue, tempere com sal e pimenta-do-reino e reserve.
4. Na mesma frigideira, em temperatura baixa, coloque as fatias de bacon e deixe lentamente secar a gordura até o bacon ficar dourado. Vire e repita o processo. Retire o bacon e reserve.
5. Entre com o restante da manteiga nessa frigideira e frite o ovo com carinho para manter a gema mole.
6. Intercale as fatias de frios começando com as de queijo e, em seguida, as de presunto, e coloque na chapa para aquecer até o queijo derreter.
7. Entre com os burgers e coloque um peso sobre esses para manter o formato e grelhar de maneira uniforme. Mantenha assim por 3 minutos.
8. Vire os burgers, coloque novamente o peso em cima desses e grelhe por mais 2 minutos.
9. Retire o peso, entre com as fatias de queijo e presunto sobre os burgers e abafe com uma tampa por mais 1 minuto.
10. Retire os burgers e deixe descansar por 1 minuto.
11. Aqueça os pães na frigideira. Entre com os burgers nas bases dos pães. Cubra com a calabresa acebolada, as fatias de bacon douradas e o ovo frito. Na tampa dos pães, na parte interna, coloque a maionese, o ketchup, a mostarda, o milho e a ervilha reservados, e a batata do Thomas quebrada. Feche com as partes de cima dos pães.

Maionese

- 1 gema de ovo
- 1 limão *(suco)*
- 15 g de mostarda
- Sal e pimenta-do-reino
- Cerca de 300 ml de óleo de milho ou de girassol

Modo de preparo

1. Em um bowl, coloque a gema, o suco de limão, a mostarda, o sal e a pimenta-do-reino.
2. Misture bem e, enquanto bate, coloque o óleo, em fio, até alcançar o ponto desejado para maionese. Reserve.

El Cubano

(4 porções)

- 800 g de copa lombo suína
- 100 g de cebola
- 50 g de alho
- 400 ml de suco de laranja
- 50 ml de suco de limão
- 10 g de orégano
- 5 g de cominho
- Sal e pimenta-do-reino
- 50 g de mostarda
- Água, q.b.
- 2 pães para cachorro-quente
- 80 g de queijo bola
- 80 g de presunto royale
- 60 g de picles de pepino
  (ver receita na p. 184)

Modo de preparo

1. Corte a copa lombo em cubos grandes e reserve.
2. Em um liquidificador entre com a cebola, o alho, os sucos de laranja e de limão, o orégano, o cominho, sal e pimenta-do-reino. Bata bem e cubra os cubos de carne com essa marinada. Deixe na geladeira por, no mínimo, 4 horas e, no máximo, 12 horas.
3. Retire o porco da marinada e sele em uma panela bem quente até ficar dourado de todos os lados.
4. Coloque a carne selada em uma panela de pressão, entre com a marinada e, caso necessário, complete com água para cobrir tudo.
5. Após pegar pressão, cozinhe por 40 minutos. Retire, desfie o porco e volte para o caldo do cozimento.
6. Passe mostarda ao longo das duas partes de pão. Entre com o queijo, o presunto, os picles e o porco bem desfiado e suculento.
7. Toste o sanduíche em uma frigideira em fogo baixo até ficar dourado e o queijo derretido.

Assista ao *reel* do preparo

Assista ao *reel* do preparo

Juicy Lucy Brie Burger *(2 porções)*

- 400 g do blend de sua preferência
- 100 g de queijo brie
- 100 g de bacon fatiado
- Sal e pimenta-do-reino
- 2 pães de batata-doce
- 30 g de picles de pepino *(ver receita na p. 184)* **fatiado**
- 80 g de Goiabada Ketchup® ou de ketchup de goiabada *(ver receita na p. 186)*

Modo de preparo

1. Misture bem as carnes até ficarem homogêneas. Separe em quatro bolinhas de 100 g cada uma. Jogue essas de uma das mãos para a outra com o objetivo de compactar e retirar o excesso de ar.
2. Coloque uma bolinha em um molde de 10 cm. No meio da carne, entre com 50 g de queijo brie. Cubra com a outra bolinha de carne fechando bem. Mantenha os burgers na geladeira até a hora de levar para a frigideira.
3. Em uma frigideira em temperatura baixa, coloque as fatias de bacon e deixe lentamente secar a gordura até o bacon ficar dourado. Vire e repita o processo. Retire e reserve.
4. Esquente bem uma frigideira de ferro. Tempere os burgers dos dois lados com sal e pimenta-do-reino.
5. Entre com os burgers e coloque um peso sobre esses para manter o formato e grelhar de maneira uniforme. Mantenha assim por 3 minutos.
6. Vire os burgers, coloque novamente o peso em cima desses e grelhe por mais 3 minutos.
7. Retire os burgers e deixe descansar por 1 minuto.
8. Aqueça os pães na frigideira. Entre com os burgers nas bases dos pães. Cubra, com as fatias de bacon douradas, os picles de pepino fatiado, o ketchup de goiabada e feche com as partes de cima dos pães.

NordesT.T.ino Burger *(2 porções)*

- 360 g do blend de sua preferência
- Sal e pimenta-do-reino
- 2 pães de batata-doce
- 80 g de queijo de coalho ralado
- Crispy de carne-seca *(ver receita adiante)*
- Aïoli de manteiga de garrafa *(ver receita adiante)*
- 20 g de coentro

Modo de preparo

1. Misture bem as carnes até ficarem homogêneas. Separe em duas bolinhas de 180 g cada uma. Jogue essas de uma das mãos para a outra com o objetivo de compactar e retirar o excesso de ar. Molde os burgers com um aro de 10 cm.
2. Esquente bem uma frigideira de ferro. Tempere os burgers dos dois lados com sal e pimenta-do-reino.
3. Entre com os burgers, coloque um peso sobre esses para manter o formato e grelhar de maneira uniforme. Mantenha assim por 3 minutos.
4. Vire os burgers, coloque novamente o peso em cima desses e grelhe por mais 2 minutos.
5. Retire o peso, entre com o queijo de coalho ralado sobre os burgers e abafe com uma tampa por mais 1 minuto.
6. Retire os burgers e deixe descansar por 1 minuto.
7. Aqueça os pães na frigideira. Entre com os burgers nas bases dos pães. Cubra com a carne-seca crocante, o aïoli de manteiga de garrafa e as folhas de coentro. Feche com as partes de cima dos pães.

Crispy de carne-seca

- Óleo, o suficiente para fritar por imersão
- 150 g de carne-seca dessalgada, cozida e desfiada

Modo de preparo

1. Aqueça o óleo entre 170 °C e 180 °C.
2. Frite a carne-seca desfiada por 3 minutos até ficar crocante. Retire e reserve.

Aïoli de manteiga de garrafa

- 200 ml de manteiga de garrafa
- 1 gema de ovo
- 1 limão *(suco)*
- 40 g de mostarda de Dijon
- Sal e pimenta-do-reino

Modo de preparo

1. Em um bowl, coloque a gema, o limão, a mostarda, o sal e a pimenta-do-reino.
2. Misture bem e, enquanto bate, coloque a manteiga de garrafa, em fio, até alcançar o ponto desejado para maionese. Reserve.

Assista ao *reel* do preparo

Churras Burger *(2 porções)*

- 360 g do blend de sua preferência
- Sal e pimenta-do-reino
- 80 g de queijo de coalho ralado
- 2 pães de batata-doce
- Molho à campanha *(ver receita adiante)*
- Aïoli de alho assado *(ver receita adiante)*

Modo de preparo

1. Misture bem as carnes até ficarem homogêneas. Separe em duas bolinhas de 180 g cada uma. Jogue essas de uma das mãos para a outra com o objetivo de compactar e retirar o excesso de ar. Molde os burgers com um aro de 10 cm.
2. Esquente bem uma frigideira de ferro. Tempere os burgers dos dois lados com sal e pimenta-do-reino.
3. Entre com os burgers e coloque um peso sobre esses para manter o formato e grelhar de maneira uniforme. Mantenha assim por 3 minutos.
4. Vire os burgers, coloque novamente o peso em cima desses e grelhe por mais 2 minutos.
5. Retire o peso, entre com o queijo de coalho ralado sobre os burgers e abafe com uma tampa por mais 1 minuto.
6. Retire os burgers e deixe descansar por 1 minuto.
7. Aqueça os pães e coloque os burgers nas bases dos pães. Entre por cima com o molho à campanha e o aïoli de alho assado. Feche com as partes de cima dos pães.

Molho à campanha

- 50 g de pimentão amarelo
- 50 g de pimentão vermelho
- 50 g de cebola roxa
- 50 g de tomate
- 5 g de salsinha
- 5 g de coentro
- 100 ml de azeite
- 40 ml de vinagre de estragão

Modo de preparo

1. Pique em brunoise os pimentões, a cebola roxa e o tomate.
2. Pique bem a salsinha e o coentro.
3. Misture tudo com azeite e vinagre. Reserve.

Aïoli de alho assado

- 1 gema de ovo
- 1 limão *(suco)*
- 40 g de alho assado
- 20 g de mostarda
- Sal e pimenta-do-reino
- 300 ml de óleo de milho ou de girassol

Modo de preparo

1. Em um bowl, coloque a gema, o limão, o alho assado, a mostarda, o sal e a pimenta-do-reino.
2. Misture bem e coloque, enquanto bate, o óleo, em fio, até alcançar o ponto desejado para maionese. Reserve.

Old Bay® Shrimp Burger

(2 porções)

200 g de camarão processado

100 g de camarão picado grosseiramente
(em pedaços médios)

10 g de talo de coentro picado fino

10 g de Old Bay®
(mistura de ervas e especiarias)

Sal e pimenta-do-reino

1 fio de azeite

2 pães de batata-doce

Salada de avocado
(ver receita adiante)

60 g de maionese de Old Bay®
(ver receita adiante)

Folhas de coentro

Modo de preparo

1. Em um processador, entre com o camarão processado e bata até virar uma pasta. Reserve.
2. Pegue o camarão picado e junte com a pasta de camarão processado.
3. Em um bowl, entre os camarões, o talo de coentro, o Old Bay®, o sal, a pimenta-do-reino e misture bem.
4. Separe essa mistura em duas bolinhas de 150 g cada uma. Molde os burgers com um aro de 10 cm.
5. Esquente bem uma frigideira de ferro e coloque um fio de azeite. Tempere os burgers dos dois lados com sal e pimenta-do-reino.
6. Entre com os burgers, coloque um peso sobre esses para manter o formato e grelhar de maneira uniforme. Mantenha assim por 2 minutos.
7. Vire os burgers, coloque novamente o peso em cima desses e grelhe por mais 2 minutos.
8. Retire os burgers e deixe descansar por 1 minuto.
9. Aqueça os pães na frigideira. Entre com os burgers nas bases dos pães. Cubra com a salada de avocado, a maionese de Old Bay® e as folhas de coentro. Feche com as partes de cima dos pães.

Maionese de Old Bay®

1 gema de ovo

10 g de mostarda de Dijon

10 g de Old Bay®

Sal e pimenta-do-reino

15 ml de suco de limão

300 ml de óleo de milho ou de girassol

Modo de preparo

1. Coloque em um bowl a gema, a mostarda, o Old Bay®, o sal, a pimenta-do-reino e o suco de limão.
2. Misture bem com um fouet e, enquanto bate, adicione o óleo, em fio, até alcançar o ponto desejado para maionese. Reserve.

Salada de avocado

1 avocado

Sal e pimenta-do-reino

10 ml de suco de limão

10 g de pimenta sriracha

10 g de coentro picado grosseiramente

Modo de preparo

1. Abra o avocado, retire a semente e com a ajuda de uma colher retire delicadamente a polpa da casca.
2. Fatie a polpa e tempere na hora com sal, pimenta-do-reino, suco de limão, pimenta sriracha e coentro. Reserve.

Assista ao *reel* do preparo

PARTE 4: RECEITAS DO T.T.

KafT.T.a Burger
(4 porções)

- 400 g do blend de sua preferência
- 30 g de cebola picada
- 5 g de hortelã
- 2 g de cominho em pó
- 5 g de coentro
- 1 g de canela em pó
- 2 g de pimenta síria
- 2 g de páprica picante
- Sal e pimenta-do-reino
- 1 fio de azeite
- 4 pães de batata-doce para cachorro-quente
- Tzatziki *(ver receita adiante)*
- Cebola crispy *(ver receita adiante)*

Modo de preparo

1. Misture bem as carnes até ficarem homogêneas. Em seguida, entre com cebola, hortelã, cominho, coentro, canela, pimenta síria, páprica picante, sal e pimenta-do-reino. Misture bem e faça quatro charutinhos (kaftas) de 100 g cada um.
2. Esquente bem uma frigideira de ferro e coloque um fio de azeite. Coloque as kaftas para grelhar cerca de 1 minuto de cada lado até ficarem douradas por igual.
3. Retire as kaftas e deixe-as descansar por 1 minuto.
4. Aqueça na frigideira os pães cortados no sentido do comprimento. Entre com as kaftas, cubra-as com o tzatziki e finalize com a cebola crispy.

Tzatziki

- 1 pepino japonês *(de cerca de 150 g)*
- 1 fio de azeite
- 60 g de cebola roxa picada
- 5 g de hortelã
- 1/2 limão-siciliano *(suco e raspas)*
- 1/2 limão-taiti *(suco)*
- 10 ml de azeite
- 5 g de coentro
- 300 g de iogurte grego integral
- Sal e pimenta-do--reino, a gosto

Modo de preparo

1. Corte o pepino no sentido do comprimento dividindo esse em dois.
2. Com uma colher, retire as sementes. Em seguida, corte novamente para fazer quatro tiras.
3. Esquente uma frigideira com um fio de azeite e toste o pepino dos dois lados até ficarem ligeiramente queimados. Corte esse em pequenos cubos e misture-os bem com todos os demais ingredientes (cebola roxa, hortelã, limão, azeite, coentro, iogurte, sal e pimenta-do-reino).

Cebola crispy

- 100 g de farinha de trigo
- 100 g de amido de milho
- 100 g de fécula de batata
- 10 g de páprica picante
- 10 g de sal
- 200 g de cebola fatiada
- Óleo, o suficiente para fritar por imersão

Modo de preparo

1. Misture bem a farinha, o amido, a fécula, a páprica picante e o sal.
2. Com essa mistura, cubra bem todas as fatias de cebola. Retire o excesso.
3. Aqueça o óleo entre 170 °C e 180 °C, e frite a cebola até ficar crocante. Retire e reserve.

Missoslaw Burger
(2 porções)

- 360 g do blend de sua preferência
- 80 g de queijo de minas padrão fatiado
- 2 pães de batata-doce
- Salada de repolho *(ver receita adiante)*
- 60 g de maionese de missô *(ver receita adiante)*

Modo de preparo

1. Misture bem as carnes até ficarem homogêneas. Separe em duas bolinhas de 180 g cada uma. Jogue essas de uma das mãos para a outra com o objetivo de compactar e retirar o excesso de ar. Molde os burgers com um aro de 10 cm.
2. Aqueça uma frigideira e entre com os burgers. Coloque um peso sobre esses para manter o formato e grelhar de maneira uniforme. Mantenha assim por 3 minutos.
3. Vire os burgers, coloque novamente o peso em cima desses e grelhe por mais 2 minutos.
4. Retire o peso, entre com as fatias de queijo sobre os burgers e abafe com uma tampa por mais 1 minuto.
5. Retire os burgers e deixe descansar por 1 minuto.
6. Aqueça os pães na frigideira. Entre com os burgers nas bases dos pães. Cubra com a salada de repolho e a maionese de missô. Feche com as partes de cima dos pães.

Salada de repolho

- 80 g de repolho fatiado fino
- 80 g de repolho roxo fatiado fino
- 60 g de cenoura ralada
- 10 g de coentro picado
- 20 ml de vinagre de arroz
- 20 ml de suco de limão-taiti
- 100 ml do molho Pimenta Doce do T.T. *(ver receita na p. 187)*

Modo de preparo

1. Em um bowl, misture bem os repolhos, a cenoura e o coentro.
2. Tempere com vinagre de arroz, suco de limão e o molho Pimenta Doce do T.T.

Maionese de missô

- 100 ml de leite integral
- 30 g de missô
- 10 ml de molho shoyu
- 20 ml de suco de limão-taiti
- 5 g de gengibre ralado
- Sal e pimenta-do-reino, a gosto
- 400 ml de óleo de milho ou de girassol

Modo de preparo

1. Em um liquidificador, coloque o leite, o missô, o shoyu, o suco de limão, o gengibre, o sal e a pimenta-do-reino.
2. Bata bem e, enquanto isso, coloque o óleo, em fio, até alcançar o ponto desejado para maionese.

Assista ao *reel* do preparo

Romeu & JulieT.T.a *(2 porções)*

- 360 g do blend de sua preferência
- 100 g de bacon fatiado
- 2 pães de batata-doce

- Fonduta de gorgonzola
  (ver receita adiante)
- 80 g de Goiabada Ketchup® ou de ketchup de goiabada
  (ver receita na p. 186)

Modo de preparo

1. Misture bem as carnes até ficarem homogêneas. Separe em duas bolinhas de 180 g cada uma. Jogue essas de uma das mãos para a outra com o objetivo de compactar e retirar o excesso de ar. Molde os burgers com um aro de 10 cm.
2. Em uma frigideira em temperatura baixa, coloque as fatias de bacon e deixe lentamente secar a gordura até o bacon ficar dourado. Vire e repita o processo. Retire e reserve.
3. Aqueça uma frigideira e entre com os burgers. Coloque um peso sobre esses para manter o formato e grelhar de maneira uniforme. Mantenha assim por 3 minutos.
4. Vire os burgers, coloque novamente o peso em cima desses e grelhe por mais 3 minutos.
5. Retire os burgers e deixe descansar por 1 minuto.
6. Aqueça os pães na frigideira. Entre com os burgers nas bases dos pães. Cubra com a fonduta de gorgonzola, as fatias de bacon douradas e o ketchup de goiabada. Feche com as partes de cima dos pães.

Fonduta de gorgonzola

- 150 ml de creme de leite fresco
- 300 g de queijo gorgonzola em cubos

Modo de preparo

1. Em uma panela em fogo baixo, entre com o creme de leite fresco e reduza seu volume inicial pela metade.
2. Coloque o queijo gorgonzola e mexa com um fouet até incorporar.

TonnaT.T.o Burger *(2 porções)*

360 g do blend de sua preferência

80 g de queijo de minas padrão fatiado

2 pães de batata-doce

Tapenade de alcaparras
(ver receita adiante)

Salada de ervas
(ver receita adiante)

60 g de anchoiade
(ver receita adiante)

Modo de preparo

1. Misture bem as carnes até ficarem homogêneas. Separe em duas bolinhas de 180 g cada uma. Jogue essas de uma das mãos para a outra com o objetivo de compactar e retirar o excesso de ar. Molde os burgers com um aro de 10 cm.
2. Aqueça uma frigideira e entre com os burgers. Coloque um peso sobre esses para manter o formato e grelhar de maneira uniforme. Mantenha assim por 3 minutos.
3. Vire os burgers, coloque novamente o peso em cima desses e grelhe por mais 2 minutos.
4. Retire o peso, entre com as fatias de queijo e abafe com uma tampa por mais 1 minuto.
5. Retire os burgers e deixe descansar por 1 minuto.
6. Aqueça os pães na frigideira. Coloque a tapenade de alcaparras nas bases dos pães. Entre com os burgers. Cubra esses com a salada de ervas e a anchoiade. Feche com as partes de cima dos pães.

Tapenade de alcaparras

60 g de alcaparras

10 ml de azeite extravirgem

Modo de preparo

1. Pique bem as alcaparras.
2. Misture com o azeite. Reserve.

Salada de ervas

10 g de salsinha

10 g de cebolete

10 g de coentro

50 g de cebola roxa fina

30 ml de azeite extravirgem

Sal e pimenta-do-reino

10 ml de vinagre de estragão

Modo de preparo

1. Em um bowl, misture bem a salsinha, a cebolete, o coentro, a cebola roxa e tempere com azeite, sal, pimenta e vinagre de estragão.
2. Reserve.

Anchoiade

100 ml de leite

40 g de alici

1 dente de alho

10 ml de vinagre de estragão

Sal e pimenta-do-reino

300 ml de óleo de milho ou de girassol

Modo de preparo

1. Em um liquidificador, coloque o leite, o alici, o alho, o vinagre de estragão, o sal e a pimenta-do-reino.
2. Bata bem e, enquanto isso, coloque o óleo, em fio, até alcançar o ponto desejado para maionese. Reserve.

Assista ao *reel* do preparo

Assista ao *reel* do preparo

T.T. alla Vodka *(2 porções)*

- 360 g do blend de sua preferência
- 80 g de queijo meia cura fatiado
- 2 pães de batata-doce
- **Molho alla vodka** *(ver receita adiante)*
- 40 g de queijo grana padano ralado

Modo de preparo

1. Misture bem as carnes até ficarem homogêneas. Separe em duas bolinhas de 180 g cada uma. Jogue essas de uma das mãos para a outra com o objetivo de compactar e retirar o excesso de ar. Molde os burgers com um aro de 10 cm.
2. Aqueça uma frigideira e entre com os burgers. Coloque um peso sobre esses para manter o formato e grelhar de maneira uniforme. Mantenha assim por 3 minutos.
3. Vire os burgers, coloque novamente o peso em cima desses e grelhe por mais 2 minutos.
4. Retire o peso, entre com as fatias de queijo e abafe com uma tampa por mais 1 minuto.
5. Retire os burgers e deixe descansar por 1 minuto.
6. Aqueça os pães na frigideira. Entre com os burgers nas bases dos pães. Cubra com o molho alla vodka e o queijo grana padano. Feche com as partes de cima.

Molho alla vodka

- 10 ml de azeite
- 80 g de cebola picada
- 2 dentes de alho picados
- 2 g de pimenta calabresa
- 50 ml de vodca
- 300 g de tomate pelado
- 100 ml de creme de leite fresco
- Sal e pimenta-do-reino
- 100 g de queijo grana padano ralado

Modo de preparo

1. Em uma panela aqueça o azeite e entre com a cebola picada. Após murchar, coloque o alho picado e refogue sem deixar dourar.
2. Em seguida, coloque a pimenta calabresa e a vodca. Flambe com cuidado para não se queimar.
3. Entre com o tomate pelado e deixe apurar em fogo baixo. Após concentrar, coloque o creme de leite fresco.
4. Deixe reduzir, acerte o sal e a pimenta-do-reino, finalize com o grana padano ralado e bata o molho no mixer até ficar bem liso.

BenediT.T.ino Burger *(2 porções)*

360 g do blend de sua preferência
100 g de bacon fatiado
80 g de queijo meia cura fatiado
Sal e pimenta-do-reino

2 pães de batata doce
Ovos poché *(ver receita adiante)*
Molho hollandaise *(ver receita adiante)*

Modo de preparo

1. Misture bem as carnes até ficarem homogêneas. Separe em duas bolinhas de 180 g cada uma. Jogue essas de uma das mãos para a outra com o objetivo de compactar e retirar o excesso de ar. Molde os burgers com um aro de 10 cm.
2. Em uma frigideira em temperatura baixa, coloque as fatias de bacon e deixe lentamente secar a gordura até o bacon ficar dourado. Vire e repita o processo. Retire e reserve.
3. Aqueça uma frigideira e entre com os burgers. Coloque um peso sobre esses para manter o formato e grelhar de maneira uniforme. Mantenha assim por 3 minutos.
4. Vire os burgers, coloque novamente o peso em cima desses e grelhe por mais 2 minutos.
5. Retire o peso, entre com as fatias de queijo e abafe com uma tampa por mais 1 minuto.
6. Retire os burgers e deixe descansar por 1 minuto. Aqueça os pães na frigideira. Entre com os burgers nas bases dos pães. Entre com as fatias de bacon douradas, o ovo poché e cubra com o molho hollandaise. Feche com as partes de cima dos pães.

Ovos poché

2 ovos
20 ml de vinagre de vinho branco

Modo de preparo

1. Na água, pouco antes do ponto de ebulição, coloque 3 colheres de sopa do vinagre. Faça um leve redemoinho e quebre os ovos um a um nessa água quente.
2. Cozinhe por 5 minutos para manter a gema mole.
3. Retire esses ovos da água quente e coloque-os em uma água gelada para interromper o cozimento.

Molho hollandaise

1 gema de ovo
10 ml de água
150 ml de manteiga derretida
Sal e pimenta-do-reino
10 ml de suco de limão-siciliano

Modo de preparo

1. Em um bowl, coloque a gema e a água. Bata com um fouet para incorporar ar.
2. Leve o bowl para uma panela em banho-maria e siga batendo até praticamente dobrar de volume, tomando cuidado para não aquecer demais a mistura.
3. Adicione a manteiga, em fio, até chegar ao ponto ideal.
4. Retire essa mistura do banho-maria e tempere com o sal, a pimenta-do-reino e o suco de limão.

Assista ao *reel* do preparo

Goiabada Chilli Burger *(2 porções)*

- 360 g do blend de sua preferência
- 2 pães brioche
- 60 g de queijo cheddar fatiado
- Goiabada chilli *(ver receita adiante)*

Modo de preparo

1. Misture bem as carnes até ficarem homogêneas. Separe em duas bolinhas de 180 g cada uma. Jogue essas de uma das mãos para a outra com o objetivo de compactar e retirar o excesso de ar. Molde os burgers com um aro de 10 cm.
2. Aqueça uma frigideira e entre com os burgers. Coloque um peso sobre esses para manter o formato e grelhar de maneira uniforme. Mantenha assim por 3 minutos.
3. Vire os burgers, coloque novamente o peso em cima desses e grelhe por mais 2 minutos.
4. Retire o peso, entre com as fatias de queijo e abafe com uma tampa por mais 1 minuto.
5. Retire os burgers e deixe descansar por 1 minuto. Aqueça os pães na frigideira. Entre com os burgers nas bases dos pães. Entre com as fatias de bacon douradas e a goiabada chilli por cima. Feche com as partes de cima dos pães.

Goiabada chilli

- 150 g de bacon picado
- 300 g de carne moída
- 20 g de cominho
- 20 g de páprica picante
- 100 g de cebola caramelizada *(ver receita na p. 183)*
- 150 g de feijão-vermelho pré-cozido
- 100 ml de água
- 30 g de pimenta sriracha
- 150 g de Goiabada Ketchup® ou de ketchup de goiabada *(ver receita na p. 186)*
- Sal e pimenta-do-reino

Modo de preparo

1. Coloque o bacon para fritar na frigideira em fogo médio. Quando começar a dourar, entre com a carne e aumente o fogo. Deixe refogar bem até o bacon ficar dourado.
2. Entre com as especiarias (cominho, páprica), refogue mais 1 minuto e junte a cebola caramelizada, o feijão e a água.
3. Misture bem, retire do fogo e finalize com a sriracha e o ketchup de goiabada. Acerte o tempero com sal e pimenta-do-reino.

Surf n' Turf Burger

(2 porções)

360 g do blend de sua preferência

150 g de camarão

1 fio de azeite

Sal e pimenta-do-reino

60 g de molho T.T. *(ver receita na p. 188)*

80 g de queijo meia cura fatiado

2 pães brioche

40 g de alface-romana

80 g de tomate fatiado

Modo de preparo

1. Misture bem as carnes até ficarem homogêneas. Separe em duas bolinhas de 180 g cada uma. Jogue essas de uma das mãos para a outra com o objetivo de compactar e retirar o excesso de ar. Molde os burgers com um aro de 10 cm.

2. Em uma frigideira bem quente, entre com um fio de azeite e grelhe os camarões temperados com sal e pimenta-do-reino. Retire e deixe esfriar em temperatura ambiente.

3. Em um bowl, pegue os camarões, o molho T.T. e misture para formar uma salada.

4. Aqueça uma frigideira e entre com os burgers. Coloque um peso sobre esses para manter o formato e grelhar de maneira uniforme. Mantenha assim por 3 minutos.

5. Vire os burgers, coloque novamente o peso em cima desses e grelhe por mais 2 minutos.

6. Retire o peso, entre com as fatias de queijo e abafe com uma tampa por mais 1 minuto.

7. Retire os burgers e deixe descansar por 1 minuto.

8. Aqueça os pães na frigideira. Entre com os burgers nas bases dos pães. Cubra com alface, tomate e a salada de camarão. Feche com as partes de cima dos pães.

Assista ao *reel* do preparo

PARTE 4: RECEITAS DO T.T.

Lamburger *(2 porções)*

360 g de paleta de cordeiro moída

200 g de cebola fatiada

50 ml de azeite

120 g de queijo feta ralado

2 pães brioche

Harissa *(ver receita adiante)*

Cebola frita

Modo de preparo

1. Separe a carne de cordeiro em duas bolinhas de 180 g cada uma. Jogue essas de uma das mãos para a outra com o objetivo de compactar e retirar o excesso de ar. Molde os burgers com um aro de 10 cm.
2. Entre com a cebola e o azeite, e frite até ficar bem caramelizada e tostada. Descarte o azeite e reserve.
3. Aqueça uma frigideira e entre com os burgers. Coloque um peso sobre esses para manter o formato e grelhar de maneira uniforme. Mantenha assim por 1 minuto.
4. Vire os burgers, coloque novamente o peso em cima desses e grelhe por mais 1 minuto.
5. Entre com o queijo feta e abafe por mais 1 minuto.
6. Retire os burgers e deixe descansar por 1 minuto. Aqueça os pães na frigideira. Entre com os burgers nas bases dos pães. Cubra com a harissa (pasta formada de uma mistura de pimentas e outras especiarias picantes) e a cebola frita. Feche com as partes de cima dos pães.

Harissa

2 pimentas-dedo-de-moça

20 ml de azeite

1 pimentão vermelho em cubos

1 cebola em pedaços grandes

5 g de cominho

5 g de garam massala *(mistura de especiarias)*

20 g de extrato de tomate

Sal e pimenta-do-reino

Modo de preparo

1. Na boca do fogão ou em uma chapa seca, toste as pimentas-dedo-de-moça.
2. Em uma panela, esquente o azeite e coloque o pimentão e a cebola. O objetivo é refogar bem e deixar tudo bem macio e tostado.
3. Junte a pimenta-dedo-de-moça queimada, o cominho e o garam massala.
4. Refogue bem, entre com o extrato de tomate e siga refogando por mais alguns minutos. Acerte o tempero com sal e pimenta-do-reino.
5. Bata bem em um processador ou liquidificador até ficar liso.

Três Gordos (x2 x3 x4)*

(2 porções)

160 g do blend de sua preferência

Sal e pimenta-do-reino

2 pães brioche

60 g de cheddar fatiado

60 g de picles de pepino
(ver receita na p. 184)

50 g de molho T.T.
(ver receita na p. 188)

Modo de preparo

1. Misture bem as carnes até ficarem homogêneas. Separe em quatro bolinhas de 40 g cada uma. Jogue essas de uma das mãos para a outra com o objetivo de compactar e retirar o excesso de ar.

2. Esquente bem uma frigideira de ferro. Coloque as bolinhas e tempere com sal e pimenta-do-reino.

3. Com a ajuda de uma prensa, amasse com força as bolinhas para ficarem finas e crocantes. Após dourar bem, vire, coloque as fatias de queijo sobre os burgers prensados, deixe por mais 1 minuto, retire e reserve.

4. Aqueça os pães. Entre com os burgers nas bases dos pães. Por cima, coloque os picles de pepino e o molho T.T. Feche com as partes de cima dos pães.

*No Três Gordos, tem os sanduíches gordinho, gordo e gordão. A receita é a mesma, o que muda é que são duas, três ou quatro carnes, ou, respectivamente, 80 g, 120 g ou 160 g de carne por sanduíche.

Gorducho

(2 porções)

- 160 g do blend de sua preferência
- Sal e pimenta-do-reino
- 60 g de queijo cheddar fatiado
- 2 pães brioche
- 60 g de picles de pepino *(ver receita na p. 184)*
- 30 g de cebola picada
- 30 g de ketchup
- 20 g de mostarda

Modo de preparo

1. Misture bem as carnes até ficarem homogêneas. Separe em quatro bolinhas de 40 g cada uma. Jogue essas de uma das mãos para a outra com o objetivo de compactar e retirar o excesso de ar.
2. Esquente bem uma frigideira de ferro. Coloque as bolinhas e tempere com sal e pimenta-do-reino.
3. Com a ajuda de uma prensa, amasse com força as bolinhas para ficarem finas e crocantes. Após dourar bem, vire, coloque as fatias de queijo sobre os burgers prensados, deixe por mais 1 minuto, retire e reserve.
4. Aqueça os pães. Entre com os burgers nas bases dos pães. Por cima, coloque os picles de pepino, a cebola, o ketchup e a mostarda. Feche com as partes de cima dos pães.

Le Brie

(2 porções)

160 g do blend de sua preferência

Sal e pimenta-do-reino

100 g de queijo brie fatiado

2 pães brioche

60 g de picles de pepino
(ver receita na p. 184)

50 g de Goiabada Ketchup® ou de ketchup de goiabada
(ver receita na p. 186)

Modo de preparo

1. Misture bem as carnes até ficarem homogêneas. Separe em quatro bolinhas de 40 g cada uma. Jogue essas de uma das mãos para a outra com o objetivo de compactar e retirar o excesso de ar.

2. Esquente bem uma frigideira de ferro. Coloque as bolinhas e tempere com sal e pimenta-do-reino.

3. Com a ajuda de uma prensa, amasse com força as bolinhas para ficarem finas e crocantes. Após dourar bem, vire, coloque as fatias de queijo sobre os burgers prensados, deixe por mais 1 minuto, retire e reserve.

4. Aqueça os pães. Entre com os burgers nas bases dos pães. Por cima, coloque os picles de pepino e o ketchup de goiabada. Feche com as partes de cima dos pães.

Bacon Blue Cheese Smash *(2 porções)*

160 g do blend de sua preferência

100 g de bacon fatiado

Sal e pimenta-do-reino

100 g de queijo gorgonzola fatiado

2 pães brioche

60 g de picles de pepino
(ver receita na p. 184)

50 g de Goiabada Ketchup® ou de ketchup de goiabada
(ver receita na p. 186)

Modo de preparo

1. Misture bem as carnes até ficarem homogêneas. Separe em quatro bolinhas de 40 g cada uma. Jogue essas de uma das mãos para a outra com o objetivo de compactar e retirar o excesso de ar.

2. Em uma frigideira em temperatura baixa, coloque as fatias de bacon e deixe lentamente secar a gordura até o bacon ficar dourado. Vire e repita o processo. Retire e reserve.

3. Esquente bem uma frigideira de ferro. Coloque as bolinhas e tempere com sal e pimenta-do-reino.

4. Com a ajuda de uma prensa, amasse com força as bolinhas para ficarem finas e crocantes. Após dourar bem, vire, coloque as fatias de queijo sobre os burgers prensados, deixe por mais 1 minuto, retire e reserve.

5. Aqueça os pães. Entre com os burgers nas bases dos pães. Por cima, coloque os picles de pepino, as fatias de bacon douradas e o ketchup de goiabada. Feche com as partes de cima dos pães.

Onion Smash

(2 porções)

160 g do blend de sua preferência

Sal e pimenta-do-reino

100 g de cebola fatiada bem fina

60 g de queijo cheddar fatiado

2 pães brioche

60 g de picles de pepino
(ver receita na p. 184)

2 fatias de tomate

50 g de molho T.T.
(ver receita na p. 188)

Modo de preparo

1. Misture bem as carnes até ficarem homogêneas. Separe em quatro bolinhas de 40 g cada uma. Jogue essas de uma das mãos para a outra com o objetivo de compactar e retirar o excesso de ar.

2. Esquente bem uma frigideira de ferro. Coloque as bolinhas e tempere com sal e pimenta-do-reino. Em cima de cada bolinha, coloque cerca de 25 g da cebola fatiada.

3. Com a ajuda de uma prensa, amasse com força as bolinhas para ficarem finas e crocantes. Após dourar bem, vire, coloque as fatias de queijo sobre os burgers prensados, deixe por mais 1 minuto, retire e reserve.

4. Aqueça os pães. Entre com os burgers nas bases dos pães. Por cima, coloque os picles de pepino, o tomate, o molho T.T. e feche com as partes de cima dos pães.

Assista ao *reel* do preparo

Assista ao *reel* do preparo

PARTE 4: RECEITAS DO T.T.

Ticken Panko *(2 porções)*

300 g de filé de sobrecoxa desossado

Sal e pimenta-do-reino

Farinha de trigo, ovos batidos e farinha panko, para empanar

Óleo, o suficiente para fritar por imersão

2 pães brioche

30 g de alface-romana

40 g de picles de cebola roxa
(ver receita na p. 183)

50 g de ketchup de páprica

Modo de preparo

1. Tempere os filés de sobrecoxa com sal e pimenta-do-reino. Empane seguindo esta ordem: farinha de trigo, ovos batidos e farinha panko.

2. Aqueça o óleo entre 160 °C e 175 °C, e frite o frango empanado até ficar dourado (de 3 a 4 minutos).

3. Aqueça os pães na frigideira. Entre com o frango frito nas bases dos pães. Por cima, coloque a alface, os picles de cebola roxa e o ketchup de páprica. Feche com as partes de cima dos pães.

Ticken Parm

(2 porções)

300 g de filé de peito de frango

Sal e pimenta-do-reino

Farinha de trigo, ovos batidos e farinha panko, para empanar

Óleo, o suficiente para fritar por imersão

80 g de queijo meia cura

2 pães brioche

60 g de molho marinara
(ver receita na p. 187)

Modo de preparo

1. Tempere os filés de peito de frango com sal e pimenta-do-reino. Empane seguindo esta ordem: farinha de trigo, ovos batidos e farinha panko.

2. Aqueça o óleo entre 160 °C e 175 °C, e frite o frango empanado até ficar dourado (de 3 a 4 minutos).

3. Derreta o queijo na frigideira.

4. Aqueça os pães na frigideira. Entre com o frango frito nas bases dos pães. Por cima, coloque o queijo derretido e o molho marinara. Feche com as partes de cima dos pães.

Assista ao *reel* do preparo

PARTE 4: RECEITAS DO T.T.

Ticken Wings *(2 porções)*

- 100 g de farinha de trigo
- 100 g de fécula de batata
- 100 g de amido de milho
- 10 g de páprica
- 10 g de sal
- 5 g de pimenta-do-reino
- 500 g de drumete de frango
- Sal e pimenta-do-reino, para temperar os drumetes
- Óleo, o suficiente para fritar por imersão
- 300 g de Goiabada Ketchup® ou de ketchup de goiabada *(ver receita na p. 186)* **picante ou não**
- 1 g de gergelim branco
- 1 g de gergelim preto

Modo de preparo

1. Misture a farinha, a fécula, o amido, a páprica, o sal e a pimenta-do-reino em um bowl.
2. Tempere os drumetes com sal e pimenta-do-reino, e envolva na mistura de farinhas.
3. Aqueça o óleo entre 160 °C e 175 °C, e frite o frango empanado até ficar dourado (de 5 a 6 minutos).
4. Assim que sair do óleo, coloque em um bowl e envolva as asinhas com ketchup de goiabada. Cubra com a mistura de gergelins branco e preto, e sirva.

Marola Fish *(2 porções)*

280 g de filé de peixe de sua preferência *(namorado, dourado, olhete são bons exemplos)*

Sal e pimenta-do-reino

Farinha de trigo, ovos batidos e farinha panko, para empanar

Óleo, o suficiente para fritar por imersão

2 pães brioche

60 g de queijo cheddar

Molho tártaro *(ver receita adiante)*

Modo de preparo

1. Tempere os filés de peixe com sal e pimenta-do-reino. Empane seguindo esta ordem: farinha de trigo, ovos batidos e farinha panko.
2. Aqueça o óleo entre 160 °C e 175 °C, e frite o peixe empanado até ficar dourado (de 3 a 4 minutos).
3. Aqueça os pães na frigideira. Entre com o queijo cheddar e o peixe frito nas bases dos pães. Por cima, coloque o molho tártaro. Feche com as partes de cima dos pães.

Molho tártaro

10 g de picles de pepino *(ver receita na p. 184)*

10 g de picles de cebola roxa *(ver receita na p. 183)*

60 g de aïoli de cúrcuma *(ver receita na p. 186)*

Modo de preparo

1. Pique bem os picles de cebola roxa e de pepino.
2. Misture bem com o aïoli de cúrcuma. Reserve.

Assista ao *reel* do preparo

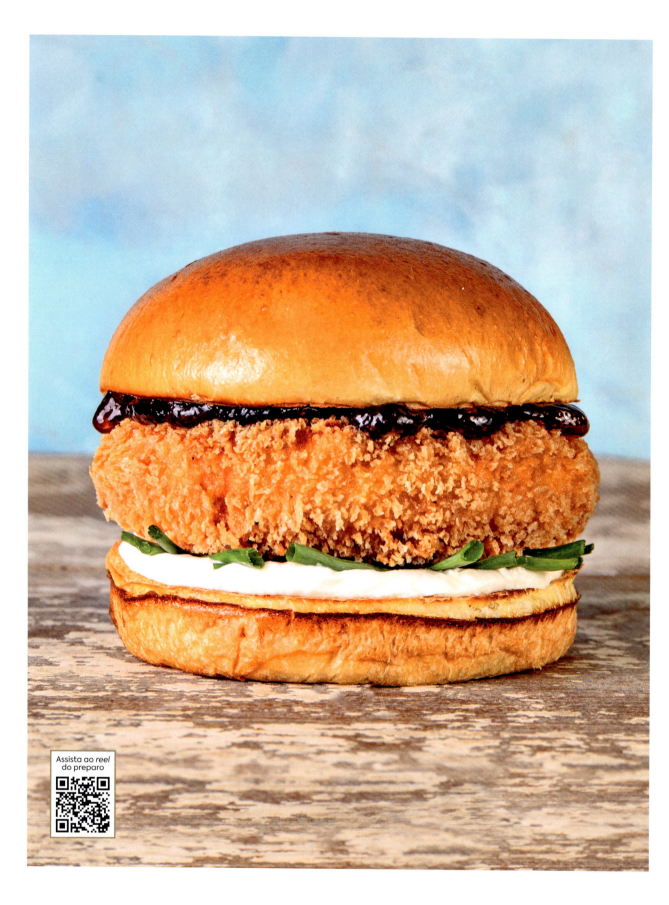

Assista ao *reel* do preparo

Marola Hot

(2 porções)

- 300 g de filé de salmão
- Sal e pimenta-do-reino
- Farinha de trigo, ovos batidos e farinha panko, para empanar
- Óleo, o suficiente para fritar por imersão

- 2 pães brioche
- 100 g de cream cheese
- 4 g de cebolete
- 60 g de molho tarê

Modo de preparo

1. Tempere os filés de salmão com sal e pimenta-do-reino. Empane seguindo esta ordem: farinha de trigo, ovos batidos e farinha panko.

2. Aqueça o óleo entre 180 °C e 190 °C, e frite o salmão empanado até ficar dourado (cerca de 2 minutos).

3. Aqueça os pães na frigideira. Nas bases dos pães, entre com o cream cheese, a cebolete e o salmão frito. Por cima, coloque o molho tarê. Feche com as partes de cima dos pães.

ShrimPipoca *(2 porções)*

- 150 g de farinha de trigo
- 100 g de amido de milho
- 10 g de páprica picante
- 350 ml de cerveja
- 5 g de fermento químico
- 150 g de camarão limpo
- Sal e pimenta-do-reino
- Óleo, o suficiente para fritar por imersão
- 50 g de aïoli de cúrcuma *(ver receita na p. 186)*

Modo de preparo

1. Em um bowl, junte 100 g da farinha de trigo, o amido de milho, a páprica e a cerveja. Misture bem até a massa se tornar homogênea. Por fim, entre com o fermento, misture novamente e reserve na geladeira. É fundamental a massa estar bem gelada.

2. Tempere o camarão com sal e pimenta-do-reino. Passe o camarão nos 50 g restantes da farinha de trigo. Retire o excesso e passe na massa de cerveja.

3. Aqueça o óleo entre 170 °C e 180 °C, e frite o camarão empanado até ficar dourado (cerca de 2 a 3 minutos).

4. Escorra bem e sirva imediatamente com o aïoli de cúrcuma.

Assista ao *reel* do preparo

Marola Shrimp
(2 porções)

- 1 fio de azeite
- 200 g de camarão cinza
- Sal e pimenta-do-reino
- **Molho tártaro** *(ver receita na p. 166)*
- 2 pães brioche para cachorro-quente
- 2 g de cebolete

Modo de preparo

1. Aqueça bem uma frigideira e coloque um fio de azeite. Salteie por 1 minuto os camarões temperados com sal e pimenta-do-reino. Retire e reserve na geladeira.
2. Após esfriar, misture bem esses camarões com o molho tártaro para formar uma salada.
3. Aqueça os pães na frigideira. Corte no sentido do comprimento. Entre com a salada de camarões. Por cima, coloque a cebolete.

De Fumado

(2 porções)

- 2 pães pretzel
- 100 g de cream cheese
- 20 g de rúcula
- 200 g de salmão defumado
- 40 g de picles de cebola roxa
  (ver receita na p. 183)
- 40 g de molho T.T.
  (ver receita na p. 188)

Modo de preparo

1. Aqueça os pães na frigideira.
2. Coloque nas bases dos pães o cream cheese, a rúcula e o salmão defumado. Por cima, entre com os picles de cebola roxa e o molho T.T. Feche com as partes de cima dos pães.

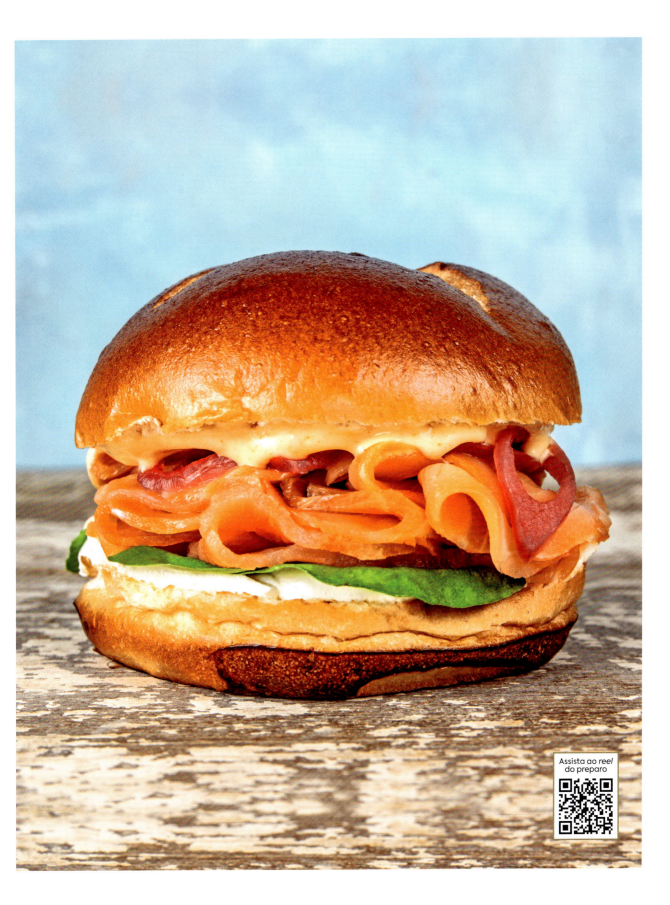

Assista ao *reel* do preparo

PARTE 5:
COMPLEMENTOS, MOLHOS E SACODES

COMPLEMENTOS

Batata do Thomas

5 kg de batata Asterix em fatias finas

3 L de vinagre de vinho branco

Óleo, o suficiente para fritar por imersão

Modo de preparo

1. Em um recipiente, coloque as batatas fatiadas e cubra com o vinagre. Deixe coberto em temperatura ambiente por 48 horas.

2. Após marinadas, escorra bem as batatas e frite em óleo entre 150 °C e 160 °C, mexendo sem parar com uma escumadeira para ficarem douradas e crocantes por igual.

Cebola caramelizada

50 g de manteiga

500 g de cebola fatiada

75 ml de vinagre balsâmico

5 g de sal

15 g de açúcar

Modo de preparo

1. Derreta a manteiga em fogo baixo.
2. Entre com a cebola e deixe murchar.
3. Junte os demais ingredientes e refogue em fogo baixo por cerca de 45 minutos até ficar bem caramelizado.

Picles de cebola roxa

190 ml de vinagre de maçã

140 ml de vinagre de vinho tinto

50 ml de água

150 g de açúcar

500 g de cebola roxa em fatias finas

Modo de preparo

1. Aqueça em uma panela os vinagres com a água e o açúcar até dissolver.
2. Jogue o líquido quente por cima das cebolas roxas e espere esfriar.
3. Coloque em um pote hermético e deixe apurar por 4 dias.

Picles de chuchu

300 g de vinagre de vinho branco

50 ml de água

300 g de mel

200 g de chuchu em fatias finas

Modo de preparo

1. Aqueça em uma panela o vinagre com a água e o mel até dissolver.
2. Jogue o líquido quente por cima do chuchu e espere esfriar.
3. Coloque em um pote hermético e deixe apurar por 2 dias.

Picles de pepino

230 ml de vinagre de maçã
2 g de cúrcuma
1 g de anis
1 g de semente de coentro
1 g de cravo
2 g de dill picado
5 g de sementes de mostarda
2 g de pimenta-do-reino em grãos
200 g de açúcar
50 ml de água
500 g de pepino japonês fatiado

Modo de preparo

1. Aqueça em uma panela todos os ingredientes com exceção do pepino.
2. Assim que o açúcar dissolver, jogue o líquido quente por cima do pepino e espere esfriar.
3. Coloque em um pote hermético e deixe apurar por 4 dias.

MOLHOS

Aïoli de cúrcuma

10 g de cúrcuma

1 gema

10 g de mostarda de Dijon

30 ml de suco de limão

10 ml de tabasco

1 dente de alho ralado

Sal e pimenta-do-reino, a gosto

300 ml de óleo de milho ou de girassol

Modo de preparo

1. Em um bowl, entre com todos os ingredientes com exceção do óleo.
2. Misture bem com o auxílio de um fouet.
3. Entre, em seguida, com o óleo, em fio, batendo sem parar até alcançar o ponto igual ao de maionese.

Ketchup de goiabada (molho Goiabada Ketchup®)*

600 g de goiabada

100 g de água

80 g de molho inglês

5 g de alho picado

10 g de gengibre picado

400 ml de ketchup

Modo de preparo

1. Em uma panela, entre com a goiabada e a água.
2. Após diluir, coloque os demais ingredientes.
3. Deixe ferver por alguns minutos.
4. Bata tudo em um liquidificador e reserve.

* Para uma versão picante, usar os mesmos ingredientes e processos e adicionar 50 g de pimenta sriracha.

PARTE 5: COMPLEMENTOS, MOLHOS E SACODES

Maionese trufada

400 g de maionese
(ver receita na p. 121)

40 g de azeite trufado

5 g de salsa trufada

Sal e pimenta-do-reino, a gosto

Modo de preparo

1. Em um bowl, misture bem todos os ingredientes até se tornar uma mistura homogênea.
2. Reserve.

Molho marinara

10 ml de azeite

10 g de alho picado

1 lata de tomate pelado

10 g de folhas de manjericão fresco

Sal e pimenta-do-reino, a gosto

Modo de preparo

1. Entre com o azeite e o alho em fogo médio para soltar os aromas sem dourar.
2. Coloque o tomate pelado, parte das folhas de manjericão, o sal, a pimenta-do-reino e deixe reduzir e apurar.
3. Finalize com o restante do manjericão fresco e reserve.

Molho Pimenta Doce do T.T.

150 g de pimentão amarelo

300 g de pimentão vermelho

40 g de pimenta-dedo-de-moça

250 g de açúcar

200 ml de vinagre de vinho branco

Modo de preparo

1. Corte os pimentões e retire as sementes.
2. Corte também a pimenta-dedo-de-moça, mas, nesse caso, mantenha as sementes. Bata tudo no liquidificador até obter uma pasta.
3. Entre com essa mistura na panela e junte o açúcar e o vinagre.
4. Leve ao fogo baixo e cozinhe lentamente por cerca de 1 hora.

Molho T.T.

- 250 g de maionese
  (ver receita na p. 121)
- 35 g de ketchup
- 40 g de mostarda
- 2 g de páprica picante
- 5 g de tabasco
- 120 g de picles de pepino *(ver receita na p. 184)* **bem picado**
- 20 g de água dos picles

Modo de preparo

1. Misture com um fouet em um bowl todos os ingredientes até tornarem-se homogêneos.
2. Acerte o tempero, caso necessário.

SACODES

Sacode de Batida de Coco

400 g de sorvete de coco

60 ml de vodca

100 ml de leite integral

Chantili para decorar

Modo de preparo

1. Junte o sorvete, a vodca e o leite em um copo.
2. Bata com um mixer até a mistura se tornar homogênea.
3. Ao servir o sacode, decore com chantili por cima.

Sacode de Brownie

400 g de sorvete de baunilha

60 g de brownie picado

100 ml de leite integral

10 g de Nutella®

Chantili, para decorar

Modo de preparo

1. Junte o sorvete, o brownie e o leite em um copo.
2. Bata com um mixer até a mistura se tornar homogênea.
3. Decore o copo com a Nutella®.
4. Ao servir o sacode, decore com chantili por cima.

Sacode de Caipirinha

400 g de sorvete de limão com gengibre
10 g de folhas de hortelã
60 ml de vodca ou cachaça
5 g de melado de cana
Limão *(rodela)*, **para decorar**

Modo de preparo

1. Junte o sorvete, a hortelã e a vodca, ou a cachaça, em um copo.
2. Bata com um mixer até a mistura se tornar homogênea.
3. Decore o copo com o melado.
4. Ao servir o sacode, decore com uma rodela de limão no copo.

Sacode de Doce de Leite com Flor de Sal

400 g de sorvete de doce de leite
2 g de flor de sal
100 ml de leite integral
10 g de doce de leite
Chantili para decorar

Modo de preparo

1. Junte o sorvete, a flor de sal e o leite em um copo.
2. Bata com um mixer até a mistura se tornar homogênea.
3. Decore o copo com o doce de leite.
4. Ao servir o sacode, decore com chantili por cima.

Sacode de Frutas Vermelhas

400 g de sorvete de baunilha

60 g de calda de frutas vermelhas

100 ml de leite integral

Modo de preparo

1. Junte o sorvete, a calda e o leite em um copo.
2. Bata com um mixer até a mistura se tornar homogênea.
3. Sirva o sacode.

Sacode de Manga com Gengibre e Hortelã

400 g de sorvete de manga e gengibre

20 g de folhas de hortelã

100 ml de leite integral

Modo de preparo

1. Junte o sorvete, a hortelã e o leite em um copo.
2. Bata com um mixer até a mistura se tornar homogênea.
3. Sirva o sacode.

PARTE 5: COMPLEMENTOS, MOLHOS E SACODES

Sacode de Nutella®

400 g de sorvete de baunilha

60 g de Nutella®

100 ml de leite integral

Chantili para decorar

Modo de preparo

1. Junte o sorvete, 50 g da Nutella® e o leite em um copo.
2. Bata com um mixer até a mistura se tornar homogênea.
3. Decore o copo, com os 10 g restantes da Nutella®.
4. Ao servir o sacode, decore com chantili por cima.

Sacode de Oreo®

400 g de sorvete de baunilha

60 g de biscoito Oreo® picado

100 ml de leite integral

10 g de Nutella®

Chantili para decorar

Modo de preparo

1. Junte o sorvete, o Oreo® e o leite em um copo.
2. Bata com um mixer até a mistura se tornar homogênea.
3. Decore o copo com a Nutella®.
4. Ao servir o sacode, decore com chantili por cima.

PARTE 6:
RECEITAS DOS AMIGOS

PARA ALÉM DO T.T.

Ao longo dos anos, foram muitos os eventos em que abrimos as portas do T.T. Burger para amigos chefs, pessoas com quem já dividimos histórias, cozinhas e panelas. Resolvemos repetir isso neste livro.

A seguir, vão algumas sugestões dos nossos colegas de profissão, que gentilmente bolaram estas criações!

Porque reunir as pessoas sempre fez parte do DNA do Grupo TT

PARTE 6: RECEITAS DOS AMIGOS

Katz Burger, por Bruno Katz

(2 porções)

180 g de acém moído

180 g de filé de costela moído

Sal e pimenta-do-reino, a gosto

80 g de queijo meia cura fatiado

2 pães brioche

100 g de compotée de bacon
(ver receita adiante)

40 g de cebola roxa confitada
(ver receita adiante)

50 g de maionese dourada
(ver receita adiante)

Modo de preparo

1. Misture bem as carnes até ficarem homogêneas. Separe em duas bolinhas de 180 g cada uma. Jogue essas de uma das mãos para a outra com o objetivo de compactar e retirar o excesso de ar. Molde os burgers com um aro de 10 cm.
2. Esquente bem uma frigideira de ferro. Tempere os burgers generosamente dos dois lados com sal e pimenta-do-reino.
3. Entre com os burgers e coloque um peso sobre esses para manter o formato e grelhar de maneira uniforme. Mantenha assim por 3 minutos.
4. Vire os burgers, coloque novamente o peso em cima desses e grelhe por mais 2 minutos.
5. Retire o peso, entre com as fatias de queijo e abafe com uma tampa por mais 1 minuto.
6. Retire os burgers e deixe descansar por 1 minuto.
7. Aqueça os pães na frigideira. Entre com os burgers nas bases dos pães. Coloque por cima a compotée de bacon e a cebola confitada. Finalize com a maionese. Feche com as partes de cima dos pães.

Compotée de bacon

500 g de bacon picado

100 g de cebola roxa picada

150 g de açúcar mascavo

125 g de vinagre de maçã

130 g de ketchup

Modo de preparo

1. Refogue o bacon e a cebola roxa até ficarem dourados.
2. Escorra o excesso de gordura e deixe esfriar.
3. Junte todos os demais ingredientes e bata bem até se tornar uma mistura homogênea.
4. Volte para panela e reduza um terço do volume.

Cebola roxa confitada

1 kg de cebola roxa fatiada

150 ml de azeite

5 g de sal

Modo de preparo

1. Junte todos os ingredientes em uma panela.
2. Leve ao fogo médio por cerca de 20 minutos, refogando até caramelizar.

Maionese dourada

5 gemas

10 g de mostarda de Dijon

500 ml de óleo de girassol

Sal e pimenta-do-reino

100 g de manteiga noisette
(ver receita adiante)

Modo de preparo

1. Em um bowl, coloque as gemas e a mostarda.
2. Misture bem com um fouet e, enquanto bate, adicione o óleo, em fio, até chegar ao ponto de maionese.
3. Finalize com o sal, a pimenta-do-reino e a manteiga noisette.

Manteiga noisette

100 g de manteiga

Modo de preparo

1. Em uma panela em fogo baixo coloque a manteiga.
2. Deixe-a derreter mexendo ocasionalmente até os resíduos sólidos começarem a ficar dourados e com um leve aroma de avelã. Reserve.

Cocoricó, por Caio Soter

(4 porções)

- 50 g de alho descascado
- Azeite e sal
- 560 g de filé de sobrecoxa de frango desossada
- Farinha de trigo, ovos batidos e farinha panko, para empanar
- Óleo, o suficiente para fritar por imersão
- 4 pães brioche
- 2 colheres de coleslaw *(ver receita adiante)*

Modo de preparo

1. Triture o alho com um pouco de azeite e sal. Tempere os filés de frango com essa mistura e deixe na geladeira por, pelo menos, 12 horas. Em seguida, empane seguindo esta ordem: farinha de trigo, ovos batidos e farinha panko.
2. Aqueça o óleo a 160 °C, e frite o frango empanado até ficar dourado (4 minutos).
3. Aqueça os pães na frigideira. Nas partes de baixo tostadas dos pães, adicione uma colher de coleslaw e o frango frito. Coloque mais uma colher de coleslaw e feche com a tampa do pão.

Coleslaw

- 175 g de quiabo fatiado
- 25 g de repolho verde fatiado
- 25 g de repolho roxo fatiado
- 25 g de cebola roxa fatiada
- 25 g de cenoura ralada
- 1 fio de azeite
- 1 dente de alho
- 50 g de maionese
- 1 limão *(30 ml de suco)*
- Sal e pimenta-do-reino

Modo de preparo

1. Corte o quiabo, em fatias finas, e os repolhos, a cebola e a cenoura em tirinhas, também finas. Reserve.
2. Bata, com um fio de azeite, o dente de alho que foi separado, até ficar homogêneo, e misture na maionese com o suco de limão. Incorpore todos os vegetais cortados e ajuste o sal e a pimenta.

Pastrami Burger a Cavalo, por Elia Schramm

(2 porções)

- 180 g de acém moído
- 180 g de filé de costela moído
- 50 g de farinha de trigo
- 50 g de amido de milho
- 10 g de páprica picante
- 80 g de cebola fatiada
- Óleo, o suficiente para fritar por imersão
- Sal e pimenta-do-reino
- 80 g de queijo meia cura fatiado
- 180 g de pastrami fatiado
- 2 ovos
- 2 pães brioche
- 100 g de avocado fatiado
- 80 g da maionese japonesa Kewpie®

Modo de preparo

1. Misture bem as carnes até ficarem homogêneas. Separe em duas bolinhas de 180 g cada uma. Jogue essas de uma das mãos para a outra com o objetivo de compactar e retirar o excesso de ar. Molde os burgers com um aro de 10 cm.

2. Misture a farinha de trigo, o amido de milho e a páprica. Jogue a cebola fatiada nessa mistura. Retire o excesso e frite a cebola em óleo a 170 °C até ficar crocante. Reserve.

3. Esquente bem uma frigideira de ferro. Tempere os burgers generosamente dos dois lados com sal e pimenta-do-reino.

4. Entre com os burgers e coloque um peso sobre esses para manter o formato e grelhar de maneira uniforme. Mantenha assim por 3 minutos.

5. Vire os burgers, coloque novamente o peso em cima desses e grelhe por mais 2 minutos.

6. Retire o peso, entre com as fatias de queijo, as fatias de pastrami e abafe com uma tampa por mais 1 minuto.

7. Retire os burgers e deixe descansar por 1 minuto.

8. Aqueça uma frigideira e frite os ovos com cuidado para manter as gemas moles.

9. Aqueça os pães na frigideira. Entre com os burgers nas bases dos pães. Cubra com as fatias de avocado, o ovo e a cebola crocante. Coloque a maionese nas tampas dos pães e feche.

Pirarucu Crocante com Banana Frita, por Felipe Schaedler

(1 porção)

- 150 g de barriga de pirarucu
- Sal e pimenta-do-reino
- 30 g de farinha de trigo
- 1 ovo batido
- 50 g de farinha panko
- 100 g de banana-da-terra bem madura
- Óleo, o suficiente para fritar por imersão
- Manteiga, para aquecer os pães
- 1 pão brioche
- 40 g de queijo cheddar fatiado
- 20 g de alface-americana

Modo de preparo

1. Tempere a barriga de pirarucu com sal e pimenta-do-reino, e, em seguida, empane seguindo esta ordem: farinha de trigo, ovo batido e farinha panko.
2. Corte a banana em lâminas finas e frite por imersão em óleo de 170 °C a 180 °C até ficarem douradas.
3. Na sequência, frite a barriga de pirarucu em óleo a 170 °C por 3 a 4 minutos até ficar dourada.
4. Aqueça os dois lados do pão com manteiga em uma frigideira. Coloque o peixe na base do pão, com as fatias de cheddar, a banana frita e a alface. Feche o pão.

PARTE 6: RECEITAS DOS AMIGOS

Milanesa do Gonzalito, por Gonzalo Vidal

(1 porção)

- 160 g de filé-mignon em um bife alto
- Sal e pimenta-do-reino
- Farinha de trigo, ovos batidos e farinha panko, para empanar
- Óleo, o suficiente para fritar por imersão
- 30 g de molho de tomate pomodoro
- 40 g de queijo meia cura fatiado
- 1 pão brioche
- Manteiga, para aquecer os pães
- 30 g de maionese
- 60 g de mortadela com pistache
- 15 g de folhas de agrião temperadas com azeite e vinagre

Modo de preparo

1. Tempere o filé-mignon com sal e pimenta-do-reino, e, em seguida, empane seguindo esta ordem: farinha de trigo, ovos batidos e farinha panko.

2. Na sequência, em óleo a 180 °C, frite, por 2 a 3 minutos, o filé empanado até esse ficar dourado. O objetivo é ter um milanesa malpassado.

3. Retire e cubra com o molho pomodoro e as fatias de queijo. Gratine no forno em função grill.

4. Aqueça os dois lados do pão com manteiga em uma frigideira. Coloque a maionese na base do pão, entre com a milanesa, as fatias bem finas de mortadela e as folhas temperadas de agrião. Feche o pão.

X Porco Salada Bacon, por Janaina Torres

(8 porções)

- 1,5 kg de copa lombo de porco
- 500 g de barriga de porco
- 150 g de cebola picada
- 20 g de alho picado
- Sal e pimenta-do-reino, a gosto
- 300 g de bacon em rodelas
- 200 g de tomate-coração-de-boi ou de tomate-caqui em rodelas grandes
- Flor de sal, vinagre e azeite, para temperar os tomates
- 1 fio de azeite
- Sal e pimenta-do-reino, para temperar os burgers
- 300 g de queijo Mandala em fatias
- 8 pães de hambúrguer
- 8 folhas bem verdes de alface lisa
- 200 g de maionese temperada com suco de limão

Modo de preparo

1. Passe a copa lombo e a barriga de porco pelo moedor. Reserve.
2. Coloque em um processador a cebola, o alho, o sal, a pimenta-do-reino e bata até virar uma pasta. Acrescente a carne moída e processe mais um pouco. Passe a mistura para um bowl e amasse com as mãos. Perceba se a textura está úmida. Se não estiver, coloque 30 ml de água supergelada e misture novamente. Faça oito bolinhas de cerca de 220 gramas cada uma e reserve.
3. Em uma frigideira em temperatura baixa, coloque as fatias de bacon e deixe lentamente secar a gordura até o bacon ficar dourado. Vire e repita o processo. Retire e reserve.
4. Tempere as rodelas de tomate com flor de sal, vinagre e azeite. Reserve.
5. Esquente bem uma frigideira de ferro e coloque um fio de azeite. Tempere os burgers dos dois lados com sal e pimenta-do-reino.
6. Entre com as bolinhas e amasse com um peso na chapa. Sobre os burgers formados, coloque o peso para manter o formato e grelhar de maneira uniforme. Mantenha assim por 2 minutos.
7. Vire os burgers, coloque novamente o peso em cima desses e grelhe por mais 2 minutos.
8. Retire o peso, entre com as fatias de queijo e abafe com uma tampa por mais 1 minuto.
9. Retire os burgers e deixe descansar por 1 minuto.
10. Aqueça os pães na frigideira. Entre com os burgers nas bases dos pães. Cubra com a alface, o tomate temperado, o bacon crocante e a maionese de limão. Feche com as partes de cima dos pães. Coma e sinta-se no paraíso a cada mordida.

Burger de Siri ManuZita, por Manu Buffara

(2 porções)

- 300 g de carne de caranguejo branca ou de siri azul
- 1 g de pimenta caiena
- 20 g de cebolinha cortada bem fina
- 1/2 limão-taiti *(raspas)*
- 50 g de maionese
- 75 g de farinha de trigo
- 2 ovos batidos
- 100 g de farinha panko
- Óleo vegetal, para fritar
- 2 pães brioche
- Molho tártaro *(ver receita adiante)*
- 20 g de agrião

Modo de preparo

1. Coloque em um bowl a carne de caranguejo ou de siri, e misture com pimenta caiena, cebolinha, raspas de limão e maionese. Misture bem. Molde os burgers e leve-os à geladeira por, pelo menos, 30 minutos para firmar.
2. Empane os burgers seguindo esta ordem: farinha de trigo, ovos batidos e farinha panko.
3. Aqueça o óleo entre 160 °C e 175 °C, e frite os burgers até ficarem dourados (de 4 a 5 minutos).
4. Aqueça os pães. Entre com os burgers nas bases dos pães, cubra com o molho tártaro e finalize com agrião. Feche com as partes de cima dos pães.

Molho tártaro

- 1 gema de ovo
- 20 g de mostarda Dijon
- 1/2 limão *(suco)*
- 120 ml de azeite
- 50 g de carne de caranguejo branca ou de siri azul
- Sal e pimenta-do-reino
- 60 g de picles picados
- 10 g de alcaparras picadas
- 5 g de salsinha picada
- 2 g de endro picado

Modo de preparo

1. Em um copo alto, coloque a gema de ovo, a mostarda, uma parte do suco de limão e bata usando um mixer de mão.
2. Com o motor do mixer ligado, adicione lentamente o azeite, um pouco de cada vez, e continue misturando até que a mistura comece a emulsificar.
3. Quando todo o azeite tiver sido adicionado, incorpore a carne de caranguejo e verifique o tempero, adicionando o suco de limão restante, o sal e a pimenta-do-reino, ou um pouco de água se a maionese estiver muito grossa.
4. Entre com os picles, a alcaparra, a salsinha e o endro. Misture bem. Cubra e leve à geladeira.

Malta Burger, por Marcelo Malta

(2 porções)

- 100 g de peito moído
- 100 g de acém moído
- 100 g de costela moída
- 50 g de farinha de trigo
- 50 g de amido de milho
- 10 g de páprica picante
- 80 g de cebola fatiada
- Óleo, o suficiente para fritar por imersão
- Sal e pimenta-do-reino
- 70 g de queijo cheddar fatiado
- 2 pães brioche
- 40 g de molho barbecue
- 40 g de picles de pepino

Modo de preparo

1. Misture bem as carnes até ficarem homogêneas. Separe em duas bolinhas de 150 g cada uma. Jogue essas de uma das mãos para a outra com o objetivo de compactar e retirar o excesso de ar. Molde os burgers com um aro de 10 cm.

2. Misture a farinha de trigo, o amido de milho e a páprica. Jogue a cebola fatiada nessa mistura. Retire o excesso e frite em óleo a 170 °C até ficar crocante. Reserve.

3. Esquente bem uma frigideira de ferro. Tempere os burgers generosamente dos dois lados com sal e pimenta-do-reino.

4. Entre com os burgers e coloque um peso sobre esses para manter o formato e grelhar de maneira uniforme. Mantenha assim por 2 minutos.

5. Vire os burgers, coloque novamente o peso em cima desses e grelhe por mais 2 minutos.

6. Retire o peso, entre com as fatias de queijo e abafe com uma tampa por mais 1 minuto.

7. Retire os burgers e deixe descansar por 1 minuto.

8. Aqueça os dois lados dos pães na frigideira. Entre com os burgers nas bases dos pães. Cubra com os picles, o molho barbecue e a cebola crocante. Feche os pães.

Arretado Burger, por Onildo Rocha

(2 porções)

- 2 discos de carne curada *(ver receita adiante)*
- Sal e pimenta-do-reino
- 2 pães de macaxeira
- Fonduta de queijo de coalho *(ver receita adiante)*
- Maionese de pimenta-de-cheiro e coentro *(ver receita adiante)*
- Picles de maxixe *(ver receita adiante)*

Modo de preparo

1. Esquente bem uma frigideira de ferro. Coloque os discos de carne e tempere com sal e pimenta-do-reino. Coloque um peso sobre esses para dar o formato de burgers e grelhar de maneira uniforme. Mantenha assim por 3 minutos.
2. Vire os burgers, coloque novamente o peso em cima desses e grelhe por mais 3 minutos. Retire os burgers e deixe descansar por 1 minuto.
3. Aqueça os pães na frigideira. Entre com os burgers nas bases dos pães. Adicione a fonduta de queijo de coalho, a maionese de pimenta-de-cheiro e coentro, e os picles de maxixe. Feche com as partes de cima dos pães.

Carne curada

- 500 g de acém
- Sal fino

Modo de preparo

1. Cubra toda a superfície da carne e gordura com sal fino, e deixe essa pendurada na refrigeração por 32 horas sem ter nada em contato, para que toda a superfície seque e o núcleo ainda fique suculento.
2. Moa e forme dois discos de 180 g de carne para modelar como burgers.

Fonduta de queijo de coalho

- 1 kg de queijo de coalho
- 700 g de creme de leite fresco
- 150 g de manteiga de garrafa
- Sal, a gosto

Modo de preparo

1. Em um liquidificador, bata o queijo de coalho, o creme de leite e a manteiga de garrafa até se tornar uma mistura homogênea. Acerte o sal, caso necessário.
2. Aqueça em uma panela na hora de servir.

Maionese de pimenta-de-cheiro e coentro

- Água, para cozimento
- 20 g de folhas de coentro
- 1 gema de ovo
- 30 g de mostarda de Dijon
- 1/4 de limão taiti *(suco)*
- Pimentas confitadas (opcional) *(ver receita adiante)*
- 150 ml de óleo
- Óleo de pimenta
- Sal

Modo de preparo

1. Coloque água em uma panela e leve ao fogo até ferver. Coloque as folhas de coentro e deixe por 20 segundos. Retire e imediatamente coloque em uma bacia de água com gelo para interromper o cozimento.
2. Em um copo alto, entre com a gema de ovo, a mostarda e o suco de limão. Coloque os 150 ml de óleo e comece a emulsionar. Entre com o óleo de pimenta (reservado da pimenta confitada), o coentro reservado, caso deseje, algumas pimentas confitadas, e termine de montar a maionese. Corrija com sal, caso necessário.

Pimenta confitada

- 150 g de pimenta-de-cheiro
- 1 L de óleo vegetal

Modo de preparo

1. Em uma panela, coloque a pimenta-de-cheiro e cubra com o 1 L do óleo.
2. Em fogo baixo, deixe por cerca de 15 minutos cozinhando em temperatura controlada. Se aquecer demais, desligue o fogo, a ideia é cozinhar e não fritar. Reserve esse óleo de pimenta.

Picles de maxixe

- 230 ml de vinagre de maçã
- 2 g de cúrcuma
- 1 g de anis
- 1 g de semente de coentro
- 1 g de cravo
- 2 g de dill picado
- 5 g de sementes de mostarda
- 2 g de pimenta-do-reino em grãos
- 200 g de açúcar
- 50 ml de água
- 500 g de maxixe fatiado

Modo de preparo

1. Aqueça em uma panela todos os ingredientes com exceção do maxixe.
2. Assim que o açúcar dissolver, jogue esse líquido quente por cima do maxixe e espere esfriar.
3. Coloque em um pote hermético e deixe apurar por 4 dias.

Básico Bem-feito, por Rafa Costa e Silva

(2 porções)

- 320 g de contrafilé de vaca velha moída
- Sal e pimenta-do-reino
- 2 pães brioche
- 160 g de queijo tipo Serra da Estrela
- 80 g de maionese de sriracha *(ver receita na p. 118)*

Modo de preparo

1. Separe a carne em quatro bolinhas de 80 g cada uma. Jogue essas de uma das mãos para a outra com o objetivo de compactar e retirar o excesso de ar.

2. Esquente bem uma frigideira de ferro. Coloque as bolinhas e tempere com sal e pimenta-do-reino.

3. Com ajuda de uma prensa, amasse as bolinhas para ficarem mais finas. Após dourar bem por cerca de 2 minutos, vire. Deixe dourar por mais 1 minuto. Empilhe uma carne sobre a outra formando um burger duplo. Retire e reserve.

4. Aqueça os pães. Entre com os burgers nas bases dos pães. Por cima, coloque o queijo Serra da Estrela em temperatura ambiente e a maionese de sriracha. Feche com as partes de cima dos pães.

Porcoburger, por Rodrigo Oliveira

(2 porções)

- 120 g de barriga de porco moída
- 120 g de copa lombo de porco moída
- Sal e pimenta-do-reino
- 2 brioches de mandioca
- Manteiga, para aquecer os pães

- Pimenta jiquitaia, a gosto
- 100 g de patê de torresmo Curiango
- 20 ml de caldo concentrado de porco
- 30 g de folhas de mostarda
- 80 g de maionese de tucupi preto
(ver receita adiante)

Modo de preparo

1. Misture bem as carnes até ficarem homogêneas. Separe em duas bolinhas de 120 g cada uma. Jogue essas de uma das mãos para a outra com o objetivo de compactar e retirar o excesso de ar.
2. Esquente bem uma frigideira de ferro. Coloque as bolinhas e tempere com sal e pimenta-do-reino.
3. Com ajuda de uma prensa, amasse as bolinhas para ficarem mais finas. Após dourar bem por cerca de 2 minutos, vire. Deixe dourar por mais 2 minutos. Retire e reserve.
4. Aqueça os pães na frigideira com manteiga. Entre com o patê de torresmo na base, os burgers pincelados com o caldo concentrado de porco em cima, as folhas de mostarda e a maionese de tucupi preto. Feche os pães.

Maionese de tucupi preto

- 200 g de gema de ovo
- 40 g de vinagre
- 6 g de sal
- 600 g de óleo de soja
- 8 g de tucupi preto
- Sal

Modo de preparo

1. Em um liquidificador, coloque a gema, o vinagre e o sal.
2. Bata em velocidade alta adicionando aos poucos o óleo até dar ponto de maionese.
3. Entre com o tucupi preto e misture bem.
4. Corrija o sal, se necessário.

Pastor e seu Cordeiro, por Rubens Catarina

(4 porções)

- 500 g de paleta de cordeiro
- 100 g de cebola roxa batida em forma de purê
- 20 g de alho picado
- 5 g de hortelã picada
- 2 g de salsinha picada
- 2 g de semente de coentro
- 10 g de mostarda de Dijon
- 200 g de maionese
- 1 limão *(suco)*
- 1 g de páprica doce
- 2 g de dill
- 10 ml de azeite
- 4 pães de hambúrguer
- 100 g de cebola roxa fatiada
- 80 g de tomate em rodelas
- 60 g de alface picada

Modo de preparo

1. Em um bowl, misture a carne de cordeiro moída, a cebola em purê, metade do alho picado, metade da hortelã, a salsinha, as sementes de coentro e a mostarda.

2. Molde quatro burgers e reserve na geladeira.

3. Em um bowl, misture a maionese com o suco de limão, as metades restantes do alho e da hortelã, a páprica e o dill. Reserve na geladeira

4. Aqueça uma frigideira com o azeite e entre com o burger. Coloque um peso sobre esse para manter o formato e grelhar de maneira uniforme. Mantenha assim por 3 minutos.

5. Vire o burger, coloque novamente o peso em cima desse e grelhe por mais 3 minutos. Retire o burger e deixe descansar por 1 minuto.

6. Aqueça o pão na frigideira. Espalhe a maionese na base e na tampa do pão. Entre com o burger na base. Coloque por cima a cebola roxa fatiada, o tomate, a alface e feche com a parte de cima do pão.

PARTE 6: RECEITAS DOS AMIGOS

Tsukune Slider, por Thiago Bañares
(4 sliders)

4 pães de slider *(com 6 cm de diâmetro)*

4 tsukunes de frango
(ver receita adiante)

100 g de shoyu tarê

80 g de molho especial
(ver receita adiante)

80 g de tomate holandês fatiado

40 g de alface-americana em tiras

40 g de cebola branca cortada bem fina

60 g de picles de pepino

Modo de preparo

1. Aqueça os pães em uma panela de vapor.
2. Grelhe os tsukunes na brasa, pincelando com o shoyu tarê até chegar ao ponto desejado.
3. Entre com o molho especial na base do pão seguido de tomate, alface, tsukune grelhado, cebola, picles e molho especial novamente. Feche o pão.

Tsukune *(4 unidades)*

5 g de shiitake seco
112 g de sobrecoxa de frango moída
112 g de peito de frango moído
8 g de missô
8 g de cebola finamente picada
1 g de sal
3,2 g de shoyu
2 g de fécula de batata

Modo de preparo

1. Hidrate o shiitake com água até que amoleça. Descarte a água e pique muito bem o cogumelo. Em um bowl, junte todos os ingredientes até que a mistura fique homogênea.
2. Separe em quatro bolinhas. Jogue-as de uma das mãos para a outra com o objetivo de compactar e retirar o excesso de ar. Molde essas em discos de 7 cm cada uma.

Molho especial

150 g de maionese
50 g de mostarda
30 g de cebola caramelizada com manteiga

15 g de alho assado
30 g de picles de pepino
5 g de páprica doce
2 g de água de picles
1 g de açúcar

Modo de preparo

1. Em um processador, bata todos os ingredientes.
2. Reserve.

ÍNDICE DE RECEITAS

*Receita com QR Code para *reel* do preparo.

A

Aïoli de alho assado	129
Aïoli de cúrcuma	186
Aïoli de manteiga de garrafa	126
Anchoiade	138
Arretado burger	215

B

Bacon blue cheese smash	157
Bahn mi*	118
Básico bem-feito	216
Batata do Thomas	182
BenediT.T.ino burger*	142
Bulgogi burger*	105
Burger alla carbonara*	97
Burger de siri ManuZita	211
BuT.T.er burger*	94

C

Carne curada	215
Cavaca roll*	109
Cebola caramelizada	183
Cebola crispy	133
Cebola roxa confitada	199
Chicken chilli crisp*	101
Chilli crispy	101
Churras burger*	129
Cocoricó	200
Coleslaw	110, 200
Compotée de bacon	199
Creme azedo	101
Crispy de carne-seca	126

D

De fumado*	174
Dry rub	110

E

El cubano*	122

F

Fonduta de gorgonzola	137
Fonduta de queijo de coalho	215

G

Goiabacon T.T.*	82
Goiabada chilli	145
Goiabada chilli burger*	145
Goiabada pulled pork*	110
Gorducho*	153

H

Harissa 149

J

Juicy Lucy brie burger* 125

K

KafT.T.a burger* 133
Katz burger 199
Ketchup de goiabada
(molho Goiabada Ketchup®) 186

L

Lamburger* 149
Le brie 154

M

Maionese 121
Maionese de atum 113
Maionese de missô 134
Maionese de Old Bay® 130
Maionese de pimenta-de-cheiro
e coentro 215
Maionese de sriracha 118
Maionese de tucupi preto 219
Maionese dourada 199
Maionese oriental 106
Maionese trufada 187
Malta burger 212

Manteiga de alho 114
Manteiga de ervas 94
Manteiga noisette 199
Marola fish* 166
Marola hot* 169
Marola shrimp* 173
Menchi katsu* 106
Milanesa do Gonzalito 207
Missoslaw burger* 134
Molho à campanha 129
Molho alla vodka 141
Molho au poivre 98
Molho carbonara 97
Molho especial 223
Molho hollandaise 142
Molho marinara 187
Molho Pimenta Doce do T.T. 187
Molho T.T. 188
Molho tártaro 166, 211
Molho tonkatsu 106

N

NordesT.T.ino burger* 126

O

Old Bay® shrimp burger* 130
Onion smash* 158
Ovos poché 142

P

Pastor e seu cordeiro 220
Pastrami burger a cavalo 203

ÍNDICE DE RECEITAS

PasT.T.el burger* — 117
Picles de cebola roxa — 183
Picles de chuchu — 183
Picles de maxixe — 215
Picles de nabo e cenoura — 118
Picles de pepino — 184
Pimenta confitada — 215
Pirarucu crocante com banana frita — 204
Porcoburger — 219

R

Romeu & JulieT.T.a* — 137

S

Sacode de batida de coco — 190
Sacode de brownie — 190
Sacode de caipirinha — 191
Sacode de doce de leite com flor de sal — 191
Sacode de frutas vermelhas — 192
Sacode de manga com gengibre e hortelã — 192
Sacode de Nutella® — 193
Sacode de Oreo® — 193
Salada de avocado — 130
Salada de ervas — 138
Salada de repolho — 134
Seu Barriga — 86
ShrimPipoca — 170
Smash rabanada* — 102
Surf n' turf burger — 146

T

Tapenade de alcaparras — 138
Ticken panko* — 161
Ticken parm* — 162
Ticken wings* — 165
TonnaT.T.o burger* — 138
Três gordos (x2 x3 x4)* — 150
Tsukune — 223
Tsukune slider — 223
T.T. alla vodka* — 141
T.T. au poivre* — 98
T.T. burger original — 81
T.T. doispontozero — 90
T.T. praquemnãocomecarne — 89
T.T. praquemnãoguenta — 93
T.T. trufado* — 85
T.T.una melt* — 113
Tzatziki — 133

X

X porco salada bacon — 208
X T.T.udo* — 121
Xis coração* — 114

SOBRE OS AUTORES

THOMAS TROISGROS

Integrante da quarta geração da família que revolucionou a história da gastronomia, Thomas Troisgros nasceu e cresceu entre fogões e panelas. Aos 12 anos, entrou em uma cozinha profissional pela primeira vez. Aos 19, foi para Nova York, onde se formou no Culinary Institute of America e começou a trabalhar com Daniel Boulud, um de seus grandes mentores. Passou também por temporadas nos estrelados espanhóis Mugaritz e Arzak.

Após dez anos fora do país, retornou para tocar os restaurantes inaugurados pelo pai, Claude Troisgros. Sob sua batuta, o Olympe entrou por três vezes no prêmio Latin America's 50 Best Restaurants, além de ter conquistado uma estrela no *Guia Michelin*. Foi, também, nessa volta ao Brasil que, ao lado de Rony Meisler, fundou o hoje Grupo T.T.

Inquieto, ele resolveu, em 2023, voar solo e abriu duas casas em Ipanema, na Zona Sul do Rio de Janeiro. O Toto, que traz no nome seu apelido dado pelo avô Pierre, é um bistrô descontraído com menu elaborado pelos gostos pessoais de Thomas adquiridos ao longo de sua vida e sua carreira. Já o Oseille, é seu retorno ao mundo do *fine dining*, no qual 16 pessoas por noite vivem uma experiência única.

RAFAEL CAVALIERI

Formado em Comunicação Social pela Pontifícia Universidade Católica do Rio de Janeiro (PUC-Rio), Rafael Cavalieri atuou como jornalista esportivo por quase dez anos, trabalhando em veículos como diário *Lance!*, jornal *O Dia*, Globoesporte.com e ESPN Brasil. Após deixar o segmento do esporte, enveredou pelo jornalismo gastronômico na *Veja Rio* e em *O Globo*; até o dia que resolveu seguir seu coração e sua paixão de infância, e trocou as canetas pelas panelas.

Ingressou no curso de chef executivo do Senac RJ, onde conheceu dois amigos com quem fundou o Project Burger – projeto itinerante que rodou bares, restaurantes e eventos da cidade fazendo invasões com burgers como a principal estrela. Trabalhou ainda no Laguiole LAB, na Tasca É Giro! e no Heat Firehouse. Isso antes de aceitar o convite de Thomas Troisgros para se tornar seu braço direito no Grupo T.T.

E, então, desde 2021 na casa, participou da criação das marcas Tom Ticken e Marola, além de dividir com Thomas as funções de elaborar produtos originais, homologar novos fornecedores e desenvolver processos. Rafael no hambúrguer começou e a esse retornou!

NOSSO MANIFESTO

Acreditamos que **SORRISOS SÃO VIRAIS** e que podem transformar **O MUNDO**. Perfeitos? Não, não somos. **SOMOS HUMANOS**. Acertamos. Erramos. Aprendemos. Evoluímos. Aqui é bola pra frente sempre, porque o show tem que continuar. Dieta? Deixa pra amanhã. Devore livros, mate sua fome de música e veja filmes sem moderação. **AMAMOS a DIVERSIDADE e a OUSADIA**. A bossa nova é foda. O funk, o samba e o axé também são. Somos mistura. Somos Brasil. Ô sorte! Acreditamos em fazer o bem sem olhar a quem. Você lembra quando foi a sua última boa ação? Espalhe amor e faça um mundo melhor. Vem com a gente! Vem viver essa experiência única. O segredo é a alma do negócio. E o nosso negócio é cheio de alma. Somos Thomas, André, Maria, João. Eu e você, você e eu. Juntos!

T.T.BURGER

A Editora Senac Rio publica livros nas áreas de Ambiente, Saúde e Segurança; Gestão, Negócios e Infraestrutura; Desenvolvimento Social e Educacional; Hospitalidade, Turismo, Lazer e Produção Alimentícia; Produção Cultural e Design; Informação e Comunicação.

Visite o site **www.rj.senac.br/editora**, escolha os títulos de sua preferência e boa leitura.

Fique atento aos nossos próximos lançamentos!

À venda nas melhores livrarias do país.

Editora Senac Rio
Tel.: (21) 2018-9020 Ramal: 8516 (Comercial)
comercial.editora@rj.senac.br

Fale conosco: faleconosco@rj.senac.br

Este livro foi composto nas tipografias Axiforma e Brothers OT e impresso pela Coan Indústria Gráfica Ltda., em papel *couché matte* 150 g/m², para a Editora Senac Rio, em agosto de 2024.